Podca[illegible]ch

Podcast-Technologie für Anfänger - Erfahren Sie, wie Sie Ihren ersten erfolgreichen Podcast erstellen und ausbauen können

Bonus: Tipps für Equipment & Software

Von Andrea Fontana

Inhaltsverzeichnis

Einleitung

Wenn fast jedes Unternehmen einen Blog hat, ist es schwierig, Ihren eigenen hervorzuheben. Aber wussten Sie, dass es ein viel besseres Instrument gibt, um Menschen zu erreichen und Einnahmen zu generieren - eines mit weitaus weniger Wettbewerb?

Podcasting bietet viele Möglichkeiten, besonders wenn Sie früh einsteigen und es richtig machen. Das Podcasting erlebte in den letzten Jahren einen Boom, und zwar dank den vielen erfolgreichen Podcasts, die die Ohren der Öffentlichkeit und der Medien erregten, sowie der stetigen Zunahme von Mobil- und Streaminggeräten als Quelle für Unterhaltung.

Wenn Sie auf den Podcasting-Zug springen möchten,

sind Sie hier genau richtig! In diesem Buch erhalten angehende und erfahrene Podcaster alle technischen Informationen, Einblicke in die Produktion und Tipps zur Verkaufsförderung, die sie benötigen, um einen Podcast auf den Markt zu bringen oder einen vorhandenen zu verbessern.

Dieses Buch bietet eine schnelle und einfache Möglichkeit, das Know-how zu erlangen, das Sie benötigen, um einen Podcast zu produzieren und zu vertreiben. Es gibt Ihnen einen Einblick in die Technologie, die hinter dem Aufzeichnen, Bearbeiten und Ausbauen von Podcasts steckt. Außerdem enthält es Tipps und Tricks zur Erstellung eines Podcasts für Anfänger.

Menschen aus der ganzen Welt sind auf der Suche nach Informationen oder Unterhaltung zu ihren Lieblingsthemen und das Publikum wartet nur darauf, dass Sie jetzt Ihre erste Episode veröffentlichen!

Also, was hält Sie zurück?

Wissen Sie einfach nicht, wie es geht? Scheint es, dass es viel zu schwierig für Sie ist? Haben Sie keine Ahnung, wo Sie anfangen sollen? Ist es überwältigend herauszufinden, welche Ausrüstung Sie benötigen? Oder haben Sie keine Ahnung, wie Sie eine Episode schreiben oder strukturieren sollen oder wie lange sie dauern soll? Vielleicht wissen Sie nicht, wie Sie durch die verschiedenen Programme navigieren sollen? Und selbst wenn Sie das herausfinden, fragen Sie sich wahrscheinlich, wie Sie es irgendwo hinstellen können, wo die Leute es finden und herunterladen können.

Dieses Buch kann und wird Sie zu den Antworten führen, die Sie brauchen!

In diesem Buch wird der Vorgang zum Starten und Aufbaue eines Podcasts in einfachen Schritten erklärt. Mit diesen Schritten können Sie festlegen, was ein Podcast für ein schnelles Anwachsen Ihres Publikums bedeuten soll. So können Sie sich am schnellsten weiterbilden und Ihren Podcast auf die Geräte anderer übertragen.

Folgendes werden Sie herausfinden:

- Was ein Podcast ist und welche Vorteile er bietet
- Erste Schritte zum ersten Podcast
- Das nötige Equipment für einen guten Podcast
- Produktion und Veröffentlichung
- Wie Sie eine Website für den Podcast mit

Wordpress erstellen
- Bonus Tipps für das Equipment und Software
- Und noch vieles mehr...

Anstatt in der Menge von unvollendeten und unentdeckten Podcasts zu verschwinden, strukturieren, vermarkten und promoten Sie Ihre Show einer ständig wachsenden Gruppe von Zuhörern.

Jetzt ist die Zeit gekommen, Ihren Hit-Podcast zu erstellen. Dieses Buch wird Sie auf die Seite des Podcast-Erfolgs führen!

Verschieben Sie Ihre Podcast-Träume nicht länger!

Was ist ein Podcast?

Die Podcast-Bewegung wächst enorm und die Vorteile sind weitreichend.

Podcasts sind beliebt - und verdienen viel Geld. Was bedeutet das für Sie oder Ihr Unternehmen? Podcasting schafft eine Möglichkeit, eine große Gruppe von Menschen zu erreichen, zu inspirieren und zu beeinflussen. Auf diese Weise können Sie Ihre Marke oder Ihre Botschaft mit Ihrem Publikum verbinden. Es ist auch eine Einnahmequelle.

Was ist aber ein Podcast eigentlich?

In seiner einfachsten Form ist ein Podcast die Internet-Version von Radio, mit zusätzlichen Vorteilen, z. B. der Möglichkeit, zur der eigenen, gewählten Zeit zuzuhören, anstatt gezwungen zu sein, sich an einem bestimmten Tag und zu einer bestimmten Uhrzeit einzuschalten. Der Vergleich mit Radio ist zwar eine einfache Definition für Podcasts, Podcasts unterscheiden sich jedoch erheblich von dem, was Sie im Radio hören, genauso wie YouTube-Videos sich von dem unterscheiden, was Sie im Fernsehen sehen.

Ein Podcast ist eine Reihe von "Episoden", die in denselben Audiodateien gespeichert sind, die wir zum Speichern von Musik auf unserem Laptop oder Smartphone verwenden. Ähnlich wie bei einer Fernseh- oder Talk-Radiosendung dreht sich ein Podcast in der Regel um ein Thema wie Politik, Sport, Unterhaltung, Horror, Spiele usw. In jeder Episode geht es normalerweise um ein Thema innerhalb dieses Themas. Sie können einzelne Folgen anhören oder den Podcast abonnieren, der normalerweise kostenlos ist.

Der Begriff "Podcast" stammt aus der Kombination von "iPod" und "Broadcast". Die Fähigkeit des iPod, Musikdateien (und damit alle Audiodateien) zu speichern, führte zu seiner Verwendung als Audio-Broadcast-Player (Podcast-Player) in den frühen Tagen des Podcasts. Ein Podcast wird jedoch durch die Möglichkeit definiert, die Audiodateien anstatt einer bestimmten Plattform zu abonnieren. Podcasts sind auf allen Plattformen verfügbar, einschließlich Windows, Mac, iPhone, iPad und Android.

Was unterscheidet einen Podcast von Radio?

Der offensichtliche Unterschied zwischen einem Podcast und einer Talk-Radioserie ist die Verfügbarkeit der Podcasts bei Bedarf. Viele populäre Talk-Radiosendungen veröffentlichen jedoch eine Podcast-Version der Show, um die Hörer zu erreichen, die die reguläre Show verpassen.

Für Radiosendungen steht nur so viel Bandbreite zur Verfügung, dass Talkshows ein breites Publikum ansprechen müssen. Dieselbe Einschränkung gilt nicht für Podcasts, die über das Internet verbreitet werden. Daher werden Themen mit eingeschränkter Attraktivität und Podcasts angezeigt, die nicht über dasselbe Budget verfügen.

Dies ist einer der größten Vorteile von Podcasts. Wenn Sie Interessen haben, auch wenn diese sehr nischenhaft sind, gibt es wahrscheinlich einen Podcast darüber. Und besser, Sie können zu Hause, im Auto oder unterwegs zuhören, weil Podcasts über das Smartphone verfügbar sind.

Die Vorteile von Podcasts

Für Geschäftsinhaber können Podcasts eine hervorragende Möglichkeit sein, **eine enge Verbindung zu Zuhörern und potenziellen Kunden aufzubauen**. Sie können die Beziehung zu den Kunden auf eine Weise humanisieren, die Ihr schriftlicher Inhalt nicht kann. Darüber hinaus ist es nie eine schlechte Sache, Ihrem Publikum verschiedene Möglichkeiten zu bieten, sich mit Ihren Inhalten und Ihrer Marke auseinanderzusetzen.

Podcasts helfen, wie gesagt, beim Aufbau einer produktiven Beziehung zum Zielpublikum (den Zuhörern). Die Person, die über das Audio spricht, muss die Fähigkeit besitzen, einnehmend zu sprechen. Wenn Zuhörer etwas finden, das Sie interessiert, sind sie versucht, mehr zuzuhören. Auf diese Weise werden die Zuhörer mit der Marke verbunden und bauen eine langfristige Beziehung auf und vertrauen dem Unternehmen. Dies führt weiter zu einer verbesserten Umwandlung.

Podcasting kann Ihnen auch dabei helfen, **einen guten Ruf aufzubauen und sich als Autorität in Ihrer Nische zu positionieren**. Sie können den Datenverkehr zu Ihrem Online-Shop über Backlinks in

Podcast-Verzeichnissen steigern und Ihre Hörer anweisen, Ihre Website am Ende jeder Episode zu besuchen.

Durch Podcasting können Sie eine breitere demografische Begrenzung der geografischen Grenzen erreichen. Dieses Marketing-Tool **macht Ihren Markennamen bei potenziellen Kunden beliebt**. Wenn Leute Ihre Marke kennenlernen, verweisen sie diese auf ihre Freunde und Bekannten. Mit der zunehmenden Reichweite kommen interessierte Personen in Ihr Unternehmen, was zu einer verbesserten Verkehrserzeugung führt.

Videomarketing ist für jedes Unternehmen von entscheidender Bedeutung. Viele Unternehmen haben jedoch finanzielle Engpässe, während andere möglicherweise nicht über die richtige Ausrüstung verfügen. Wenn sie nicht für das Aufnehmen von Videos ausgeben können, entfernen sie sich vom Mainstream. Die zweite Option sind Podcasts, damit Ihr Ruf erhalten bleibt und Sie sich von der harten Konkurrenz abheben können, wenn Sie nicht in Videos investıeren können. Diese Audiodateien können die Zielgruppe anziehen und einbeziehen. Menschen begrüßen Podcasts, weil sie die Monotonie der Verbreitung von Textinformationen durchbrechen. In mehreren Umfragen wird behauptet, dass Podcasts auch die Kaufentscheidungen potenzieller Kunden beeinflussen. **Immer mehr Menschen werden sich der Vorteile des Abhörens von Podcasts bewusst**.

Podcasting bedeutet, Unternehmensbotschaft zu übermitteln und Unternehmensinformationen durch Sprechen zu übermitteln. So können Sie durch überzeugendes Sprechen Ihr Fachwissen in Ihrer Branche teilen und gleichzeitig **Ihre Markenautorität aufbauen**. Kunden vertrauen immer einem Unternehmen, das genaue Informationen über seine Dienstleistungen und Produkte liefert. Podcasts sind die beste Quelle, um Ihre Gedanken zu kanalisieren und Ihre Zielgruppe zu beeindrucken. Ziehen Sie Ihr Publikum mit Ihren Redefähigkeiten an und beeinflussen Sie es.

Ein Podcast erfordert **im Vergleich zu anderen Marketinginstrumenten nur geringe Investitionen.** Darüber hinaus ist der Podcast auch einfach zu produzieren. Sie benötigen nur ein hochwertiges Mikrofon und nützliche Software, um den Podcast in bester Qualität zu liefern. Alle Arten von Unternehmen bevorzugen Podcasts, da sie die günstigste Möglichkeit sind, die Zielkunden zu erreichen.

Regelmäßiges und konsequentes Podcasting hat weitreichende Auswirkungen. Eine solche Gleichmäßigkeit ist in jedem Geschäftsmarketing erforderlich. Wenn Sie sich regelmäßig über Ihr Unternehmen und seine Produkte / Dienstleistungen informieren, beginnt Ihr Publikum, Sie nach und nach zu verstehen. Dies ist eine sehr effektive Methode, um Ihren **Markennamen populär zu machen**.

Podcasting ist die beste Quelle für Content-Marketing. Heutzutage spielen Inhalte eine wichtige Rolle, um potenzielle Kunden zu gewinnen und bestehende Kunden zu binden. Wir wissen, dass Content König ist und es besteht kein Zweifel daran, dass Sie in Zeiten der Informationsüberflutung durch die Bereitstellung von qualitativ hochwertigen Inhalten relevant werden.

Darüber hinaus ist es kein Geheimnis, dass Google diejenigen belohnt, die nützliche Inhalte erstellen und das Publikum ansprechen können. Es geht darum, Beziehungen aufzubauen, Vertrauen zu verdienen und die erforderlichen Informationen bereitzustellen. Mit Podcasts können Sie all diese Dinge wirklich gut ausführen. Darüber hinaus können Sie Ihre Inhalte bei Bedarf auf viele verschiedene Arten wiederverwenden.

Podcasting ist ein hervorragendes Medium für moderne Unternehmen. Dies ist eines der besten Werbe- und Verkaufstools, mit denen Sie sich von Ihren Mitbewerbern abheben können. Podcasting hilft Ihnen beim Aufbau Ihrer Online-Präsenz. Heutzutage ist der Podcast sehr beliebt, da er, wie wir sehen, dazu beiträgt, das Vertrauen der Kunden zu gewinnen und Community-Beziehungen aufzubauen. In der modernen Ära geht es darum, Kunden zufrieden zu stellen. Daher ist es wichtig, innovative Wege zu finden, um sich mit Ihren Zielkunden zu verbinden.

Dieses dynamische Medium kann eine perfekte Möglichkeit sein, Ihre tägliche Dosis Inspiration zu liefern, wo auch immer sich Ihr Publikum befindet. Sie benötigen weder viel Geld noch technisches Wissen, um einen Podcast zu starten. In diesem Buch erfahren Sie Schritt für Schritt, wie Sie einen Podcast starten, warum Sie einen für Ihr Geschäft haben sollten, welche Arten von Podcasts es gibt und welche Geräte Sie benötigen.

Arten von Podcasts

Wir möchten uns jetzt auf die Arten von Podcasts konzentrieren und zuerst unterteilen wir sie im Bezug auf den Inhalt. Es existieren einige wesentliche Arten, die wir hier nennen werden:

1. Der Interview-Podcast

In diesem Podcast-Stil interviewen ein oder zwei Moderatoren unterschiedliche Gäste in jeder Episode. Dies ist ein beliebtes Format, da es nicht immer viel Vorarbeit erfordert.

Die Vorbereitung umfasst in der Regel die Recherche Ihres Interviewpartners und die Erstellung einer Liste mit Fragen, die gestellt werden müssen. Natürlich benötigen Sie einige Fähigkeiten, um diesen Podcast-Typ zu starten, z. B. Gäste zur Teilnahme zu überreden, Fähigkeiten zu interviewen und Podcast-Episoden regelmäßig produzieren zu können.

2. Der Solo Podcast

Wenn Sie sich gefragt haben, wie Sie einen Podcast starten sollen, ist dies möglicherweise eines der besten Podcast-Formate für Sie. Diese Podcasts werden in der Regel als Monolog mit einer Person (Ihnen) präsentiert, die die Show leitet.

Der Inhalt für Solo-Podcasts kann meinungsbasiert, nachrichtenbezogen, ein Fragen/Antworten oder ein anderer Stil sein, der von einer Person geliefert werden kann. Aus technischer Sicht ist dies ein einfach zu erstellender Podcast, da Sie lediglich Ihre Stimme und ein Gesprächsthema benötigen.

3. Der Multi-Host-Podcast

Diese Form des Podcastings hat zwei oder mehr Moderatoren, was dynamischer sein kann als eine Einzelausstellung. Wenn Sie sich überlegt haben, wie Sie einen Podcast starten können, und einen Geschäftspartner haben, ist dies möglicherweise eine fantastische Option für Sie.

Podcasts mit mehreren Moderatoren bieten Diskussionen mit unterschiedlichen Meinungen und Perspektiven und die Zuhörer möchten dann die Gespräche und Debatten hören, da es einen höheren Unterhaltungswert bieten kann, als wenn nur eine Person spricht. Für die Macher bedeutet dies auch weniger Druck, das Publikum zu beschäftigen und zu interessieren, da es mehr Menschen und mehr Ideen gibt.

4.Fiktionales Geschichtenerzählen

Wenn Sie ein Fan von Belletristik oder Hörbüchern sind, ist diese Art des Geschichtenerzählens möglicherweise eine Erkundung wert. Dieser Stil ist einzigartig, bringt jedoch eine Reihe von Herausforderungen mit sich. Diese Art von Show erfordert viel Arbeit.

Die Entwicklung einer Handlung, um sich über verschiedene Episoden hinweg zu entfalten, oder die Einzigartigkeit jeder einzelnen, aber zusammenhängenden Episode kann eine sehr schwierige Aufgabe sein. Ganz zu schweigen davon, Sprachschauspieler für den Inhalt zu buchen. Einer der Vorteile besteht darin, dass dieser Stil derzeit nicht in großem Umfang produziert wird. Wenn Sie also in der Lage sind, ihn erfolgreich umzusetzen, wird er nicht nur die Hörer süchtig machen, sondern Sie befinden sich auch nicht in einem gesättigten Markt. Dieser Stil eignet sich nicht für jedes Unternehmen oder jede Marke, aber wenn die Passform stimmt, kann er sehr ansprechend sein

5.Narratives Geschichtenerzählen

Narratives Geschichtenerzählenerfreut sich bei Podcast-Hörern immer größerer Beliebtheit. Dies könnte eine großartige Möglichkeit sein, Ihr Publikum auf eine andere Art und Weise zu erreichen, die für Ihre Marke immer noch relevant ist. Dieser Stil ermöglicht es Ihnen,

Ihre eigenen Erfahrungen oder Erfahrungen Ihrer Gäste mit Ihrem Publikum zu teilen.
Die Herausforderung bei dieser Art von Podcast besteht darin, dass mehr Planung erforderlich ist als bei einigen anderen. Sie müssen über die einzigartigen Geschichten nachdenken, die Sie erzählen werden, oder darüber, wie sich eine Geschichte über mehrere Episoden hinweg entfaltet.

Sie können jedoch mit den Arten von Geschichten, die Sie erzählen und wie Sie sie mit Ihrem Unternehmen in Beziehung setzen, wirklich kreativ werden. Zum Beispiel: Ein Immobilienunternehmen könnte einen Podcast erstellen, in dem jede Woche eine Familie oder eine Einzelperson ihre einzigartige Erfahrung mit dem Kauf von Eigenheimen teilt. Eine beliebte Lebensmittelkette könnte in jeder Folge eine komödiantische Geschichte über die Arbeit in der Dienstleistungsbranche erzählen. Ein reisender Verkäufer kann Geschichten über das Leben auf der Straße erzählen. Es gibt viele Varianten.

6.Pädagogische Podcasts

Mit dieser Art von Podcast können Sie wirklich Ihr Wissen unter Beweis stellen und beweisen, dass Ihr Unternehmen seriös und sachkundig ist. Denken Sie an ein oder mehrere markenrelevante Themen, über die Sie

alles wissen, was Sie wissen müssen. Produzieren Sie Folgen daraus. Die Zuhörer kehren zu jeder Episode zurück und sind begeistert, mehr darüber zu erfahren.
Die Herausforderung besteht darin, dass Sie in Ihrer Branche sehr gut informiert sein und nachweisen müssen, dass die Menschen Ihren Informationen vertrauen können.

Natürlich müssen Sie sich nicht auf eines dieser Formate beschränken. Fühlen Sie sich frei zu mischen und anzupassen. Es gibt viele Podcaster in der Branche, die verschiedene Stile kombinieren.

Nachdem wir jetzt über Inhalt gesprochen haben, ist es an der Zeit, über Arten von Podcasts zu sprechen, im Bezug auf die Technik.

Es gibt im Wesentlichen vier Arten von Podcasts.

Audio-Podcasts sind nur Audio-Podcasts. Sie haben im Allgemeinen das MP3-Format (können auch AAC sein) und sind möglicherweise die häufigste Art von Podcast. Audio-Podcasts (im MP3-Format) sind am besten mit allen Computern und tragbaren Mediengeräten kompatibel.

Zu den positiven Aspekten von Audio-Podcasts gehört die relativ geringe Dateigröße, die in der Regel je nach Länge weniger als 10 MB beträgt und deren Erstellung relativ einfach ist. Ein negativer Aspekt dieser Art von Podcast ist, dass der Inhalt oder die Nachricht nur auf Audio beschränkt ist. Je nach Inhalt, Zielgruppe und Verwendungszweck ist dies jedoch alles, was erforderlich ist.

Video-Podcast ist ein Begriff für die Online-Bereitstellung von Videoinhalten. Der Begriff wird verwendet, um zwischen Podcasts zu unterscheiden, die am häufigsten Audiodateien enthalten, und solchen, die sich auf die Verbreitung von Videos beziehen.

Der Begriff Podcast hat jedoch von Anfang an die Verbreitung digitaler Mediendateien beschrieben, einschließlich Video und Audio über RSS-Gehäuse, und daher die Begriffe Video-Podcast, Vodcast oder weniger gebräuchlicher Vidcast.

Video-Podcasts wurden schnell zu einem beliebten Format für traditionelle Medien und Fernsehsender. Im Gegensatz zu einem Audio-Podcast ist das Erstellen eines Video-Podcasts wie bei jedem anderen Videoproduktionsprojekt und erfordert mehr Produktions- und Planungszeit.

In Bezug auf die Dateigröße erfordert das Herunterladen eines Video-Podcasts eine Verbindung mit hoher Bandbreite, da es sich um große Dateien handelt (in der Regel je nach Länge mehr als 100 MB). Das bevorzugte Format für Video-Podcasts ist normalerweise .m4v oder mp4 H.264. Sie können sowohl von Mac- als auch von Windows-Benutzern erstellt und verwendet werden.

Verbesserte Podcasts sind ein etwas einzigartiger Podcast-Typ, der Audio-Podcasts mit synchronisierten Bildern kombiniert, ähnlich einer kommentierten Diashow. Sie enthalten häufig mehrere Standbilder, die sich wie eine Diashow ändern, und Sie können auch Live-URL-Links zu Websites sowie Kapitelmarkierungen hinzufügen, um den Podcast zu überspringen.

Technisch gesehen handelt es sich bei erweiterten Podcasts um Audiodateien im Format .m4a (auch als MP4- oder AAC-Format bezeichnet) mit einer Ebene zum Einbetten der synchronisierten Bilder. Das erweiterte Podcast-Format wurde von Apple und Sony übernommen und kann im Wesentlichen auf jedem Mac- oder Windows-Computer abgespielt werden. Erweiterte Podcasts werden derzeit nicht in Windows Media Player abgespielt. Diese Art von Podcasts bieten den Vorteil, dass sie sowohl visuellen als auch Audio-

Inhalt enthalten. Die Dateigröße entspricht jedoch fast der eines typischen Nur-Audio-Podcasts und ist exponentiell kleiner als bei einem Video-Podcast!

Bei einem ***Screencast*** handelt es sich um eine digitale Aufzeichnung der Computerbildschirmausgabe, die auch als Video-Screenshot bezeichnet wird und häufig Audiokommentare enthält. Frühe Produkte erzeugten große Dateien und verfügten über eingeschränkte Bearbeitungsfunktionen. Neuere Produkte unterstützen kompaktere Dateiformate wie Adobe Flash und mp4 / H.264 und verfügen über ausgefeiltere Bearbeitungsfunktionen, die Änderungen in der Reihenfolge, der Mausbewegung und der Audiowiedergabe ermöglichen.

So wie ein Screenshot ein Bild des Bildschirms eines Benutzers ist, ist ein Screencast im Wesentlichen ein Film über die Änderungen im Zeitverlauf, die ein Benutzer auf seinem Monitor sieht.

Die Schritte zum ersten Podcast

Das Erstellen Ihres ersten Podcasts kann eine Menge Arbeit bedeuten, und es kann viel Vorbereitung erfordern, um zu wissen, was Sie zu Beginn beachten und tun müssen. Sicher, Sie müssen Ihren Podcast aufzeichnen und veröffentlichen, aber es gibt eine Menge anderer Planungen und Vorbereitungen, um ihn aufzuzeichnen und zu veröffentlichen. Damit Sie mit der Erstellung Ihres ersten Podcasts beginnen können, haben wir einen Leitfaden für alles erstellt, worüber Sie in Bezug auf Ihren Podcast nachdenken und handeln müssen.

Bereiten Sie sich vor, bevor Sie beginnen

Bevor Sie loslegen, ist es wichtig zu wissen, dass Podcasts viel Aufwand erfordern. Es sind nicht nur Aufzeichnungen von Leuten, die sprechen. Es wird empfohlen, Podcasts wie jedes andere große Projekt zu behandeln:

Podcasting macht extrem viel Spaß und ist aufregend. Bevor Sie mit dem Podcasting beginnen, müssen Sie jedoch eines tun: **sich dazu verpflichten**. Sie müssen sich intern zum Podcasting verpflichten, da Sie alles tun müssen, was potenziell nützlich ist, aber einige Zeit und Mühe in Anspruch nimmt.

Es ist leicht anzunehmen, dass Podcasts einfach zu produzieren sind, da sie nur Audio enthalten, aber lassen Sie sich nicht täuschen. Sie können sehr viel Zeit in Anspruch nehmen, um sie zusammenzustellen, insbesondere am Anfang. Podcasts eignen sich am besten, wenn sie regelmäßig veröffentlicht werden. Wenn Sie an der Entwicklung einer Hörerbasis interessiert sind, müssen Sie bereit sein, regelmäßig Folgen zu veröffentlichen. Alles in allem kann Podcasting Spaß machen.

Sie sollten auch nicht damit rechnen, durch Podcasts reich zu werden. Es ist sicherlich möglich, Einnahmen aus Podcasts zu erzielen, aber dies erfordert normalerweise Werbung und Sponsoring - beides erhalten Sie, nachdem Sie eine Hörerschaft aufgebaut haben, die groß genug ist, um es für Werbekunden lohnenswert zu machen. Wenn Sie nicht daran interessiert sind, aus Spaß einen Podcast zu starten, werden Sie möglicherweise nicht viel davon haben, es sei denn, Sie haben bereits ein Publikum.

Hier sind die ersten Schritte zum ersten Podcast. Im nächsten Kapitel erklären wir alles ein wenig detaillierter.

1. Planen Sie Ihren Podcast

Das erste, was Sie tun müssen, wenn Sie entscheiden, dass Sie Ihren ersten Podcast starten möchten, ist, Ihren Podcast zu planen. In der Planungsphase sollte jede Entscheidung, die Sie in Bezug auf Ihren Podcast in Zukunft treffen, festgelegt werden. Nehmen Sie sich also die Zeit, Ihren Podcast gründlich durchzudenken. Während der Planungsphase sollten Sie sich für folgendes entscheiden:

- Thema
- Mission & Vision
- Titel
- Zielgruppe
- Format

Mit Format können Sie Ihre Podcast-Episoden einrichten, einschließlich verschiedener Segmente, z. B. Interviews

2. Erstellen Sie Ihre Podcast-Einrichtung

Wenn Sie Ihre Podcast-Einrichtung erstellen, müssen Sie die benötigte Ausrüstung erwerben und einen Platz für die Aufzeichnung Ihres Podcasts schaffen. Ihr Setup sollte enthalten:

- Ausrüstung (einschließlich Aufzeichnungssoftware)
- Podcast-Moderator

Sie können Ihren Podcast selbst moderieren oder Sie finden eine Podcast-Hosting-Plattform. Es gibt unzählige Plattformen, sodass Ihnen eine einfache Google-Suche einige Optionen und Bewertungen bietet.

3. Bereiten Sie Ihre Podcast-Folgen vor

Zur Vorbereitung Ihrer Podcast-Episoden müssen Sie jede Episode planen und alles zusammenstellen, was Sie möglicherweise für sie benötigen, einschließlich:

- Episodentitel
- Episodenthemen
- Skripte
- Segmente
- Umrisse

4. Nehmen Sie Ihre Podcast-Folgen auf

Sobald Sie Ihre Einstellungen und Episoden geplant haben, können Sie mit der Aufnahme beginnen. Denken Sie daran, dass Sie sich Ihrer Marke bewusst sind und wissen, wie Sie als Podcast-Moderator auftreten möchten. Betrachten Sie Dinge wie:

- Tonfall

- Wortschatz
- Geschichten
- Ehrlichkeit
- Persönlichkeit
- Zusammenhalt

5. Produzieren Sie Ihre Podcast-Folgen

Alles, was Sie zusätzlich zu Ihrer Aufnahme tun, ist Produktion. Die Produktion kann dazu beitragen, Ihren Podcast mit einem ansprechenden, professionellen Ton zu versehen. Einige Dinge, die eine großartige Ergänzung zu Ihrem Podcast sein können, sind:

- Intros / Outros
- Bearbeitung
- Musik

6. Veröffentlichen Sie Ihre Podcast-Folgen

Sobald Sie Ihre Podcast-Episoden beendet haben, möchten Sie sie natürlich veröffentlichen. Dies bedeutet nun, dass Sie sie auf der von Ihnen verwendeten Hosting-Plattform veröffentlichen. Dies bedeutet jedoch auch, dass Sie Ihren Podcast an so vielen Orten wie möglich veröffentlichen. Wenn Sie Ihren Podcast in zahlreichen Verzeichnissen haben, können Sie Ihre Sichtbarkeit verbessern. Einige wichtige Verzeichnisse, auf die Sie Ihren Podcast stellen sollten, sind:

- Apple Podcasts (auch bekannt als iTunes)
- Google Play Music
- Spotify
- TuneIn
- Stitcher

7. Werben Sie Ihren Podcast

Das Werben Ihres Podcasts umfasst alles, was Sie online, persönlich und über eine andere Quelle tun, um Ihren Podcast für mehr Menschen zugänglich zu machen. Wenn Sie nicht die Arbeit investieren, um Ihren Podcast leicht zugänglich zu machen, werden die Leute Ihren Podcast nicht finden und ihn daher nicht hören. Das Vergewissern, dass sich Ihr Podcast in Verzeichnissen befindet, ist ebenfalls Teil der Werbung. Einige andere Quellen umfassen jedoch:

Social Media (Twitter, Facebook, Instagram): Nutzen Sie Ihre Social Media-Konten, um mit Zuhörern zu interagieren und neue Zuhörer zu erreichen.

Erstellen Sie einen Buchungsplan für sich selbst, damit Sie stets online aktiv sind. Denken Sie an ansprechende Posts, sowohl im Text als auch im Bild, um die Aufmerksamkeit der Leute auf sich zu ziehen. Social Media ist wirklich wichtig, nehmen Sie sich also die Zeit, um Ihre Profile so gut wie möglich zu machen.

Networking: Nehmen Sie an so vielen Veranstaltungen wie möglich teil. Wenden Sie sich an alle, mit denen Sie in Kontakt treten möchten. Networking beinhaltet die Möglichkeit, anderen von Ihrem Podcast zu erzählen und eine Menge von denen zu lernen, die Sie treffen.

Podcast-Website: Das Erstellen einer Website ist eine hervorragende Möglichkeit, Ihr Publikum an einen zentralen Ort zu leiten, an dem alle Informationen über Sie und Ihren Podcast verfügbar sind. Wenn Sie eine Podcast-Website haben, können Sie Ihren Podcast professioneller gestalten. Sie können Ihre Website in Ihrem Podcast, in sozialen Medien und bei Veranstaltungen referenzieren.

Es mag scheinen, als gäbe es eine Menge zu überlegen und zu tun, bevor Sie Ihren Podcast wirklich starten können, aber es wird viel leichter, nachdem Sie den ersten Podcast fertig haben. Sobald Sie Ihren Podcast geplant haben, werden die Dinge leichter und Sie werden eine klare Richtung haben, was Sie in Zukunft tun müssen. Einige der Schritte, die Sie beim Starten Ihres Podcasts ausführen müssen, müssen einmal ausgeführt werden. Lassen Sie sich also nicht überraschen. Machen Sie einfach jeden Schritt, um jeden Podcast nacheinander zu erstellen, und schon bald werden Sie Ihre Podcast-Episoden veröffentlichen.

Das nötige „Werkzeug“

Podcast-Aufnahmegeräte können verwirrend sein, wenn Sie gerade erst anfangen. Es gibt eine Menge Podcast-Ausrüstung, die Sie kaufen können, aber das bedeutet nicht, dass Sie alles haben müssen - und Sie können Ihre Liste der Podcast-Geräte im Laufe der Zeit jederzeit erweitern.

Wir werden die Audio-Aufnahmegeräte hervorheben, die Sie benötigen, sowie einige Dinge, die Sie möglicherweise später noch besorgen möchten, wenn Sie ernsthafter werden, um ein komplettes Podcast-Studio aufzubauen.

Die wesentlichen Podcast-Geräte, die Sie benötigen, sind:

- Ein Computer
- Ein Mikrofon

Wenn Sie mehrere Personen gleichzeitig aufnehmen, sollten Sie auf USB-Mikrofone verzichten. Dies bedeutet, dass Sie auch ein Audio-Interface oder einen Mixer benötigen, um mehrere XLR-Mikrofone anzuschließen.

Das Mikrofon

Wenn Sie an ein Mikrofon denken, können Sie sich das typische Mikrofon eines Musikers vorstellen - und während Sie eines davon absolut für Podcasts verwenden können, ist es erwähnenswert, dass Mikrofone in vielen Formen und Größen erhältlich sind.

Die Quintessenz ist, dass ein Mikrofon einfach die Technologie ist, die benötigt wird, um Ihre Stimme zu „hören“ und weiterzuleiten, um irgendwo aufgenommen

zu werden. Dies macht es zum ersten Teil unserer Aufnahme "Kette".
Welche Möglichkeiten haben wir also, wenn wir an unser Mikrofon denken?

USB-Mikrofone

Ein übliches und einfaches Podcast-Gerät ist das USB-Mikrofon, das direkt an Ihren Computer angeschlossen wird. USB-Mikrofone sind ideal für Anfänger, besonders für Leute, die Solo / Monolog-Shows machen, und für diejenigen, die Online-Interview-Podcasts anbieten.

XLR-Mikrofone

XLR-Mikrofone benötigen zusätzliche Geräte, damit sie betrieben werden. Sie werden nicht direkt an Ihren Computer angeschlossen, sondern an einen Vorverstärker, ein Mixer oder einen Digitalrekorder (dazu später mehr).

Sie können Vorverstärker, Mixer und Digitalrekorder tatsächlich in USB-Form erhalten, sodass Sie ein XLR-Mikrofon in Ihren Computer einbauen können, nur nicht direkt.
XLR-Mikrofone eignen sich für Leute, die eine erstklassige Klangqualität, viel mehr Flexibilität in der Produktion und nicht immer an einen Computer gebunden sein möchten.

Sie haben wahrscheinlich bereits ein Mikrofon in Ihrem Smartphones bei sich und können es auch für Podcasts verwenden. Es ist ideal für die Aufzeichnung unterwegs und für Standortinterviews.

Es gibt auch viele hochwertige digitale Rekorder auf dem Markt. Sie können direkt in diese aufnehmen oder zusätzliche Mikrofone anschließen. Auch dies ist eine großartige Option für jemanden, der ein flexibles und portables Setup sucht.

Der Recorder

Apropos Digitalrekorder: Wir benötigen jetzt eine Podcast-Option, mit der Sie Ihre Audiodaten aufzeichnen und speichern können. Dies kann alles sein, von einem Telefon über einen Computer bis hin zu einem dedizierten Digitalrekorder.

Digitale Rekorder

Ein dedizierter digitaler Recorder ist eine großartige Option für jemanden, der unterwegs Podcasts senden möchte, aber eine Klangqualität sucht, die über der eines Smartphones liegt.

Darüber hinaus bieten digitale Rekorder viel mehr Einstellungen und Optionen zum Erstellen von Audiodaten, da buchstäblich dafür entwickelt wurden. Sie brauchen nicht einmal unbedingt ein zusätzliches Mikrofon, da alle über integrierte Mikrofone verfügen.

Computer

Wenn Sie direkt auf einen Computer aufnehmen möchten, stehen Ihnen eine Vielzahl von Optionen zur Verfügung. Für den Anfang können Sie eine DAW (Digital Audio Workstation) wie Audacity oder Adobe Audition verwenden. Wenn Sie Online- / Skype-Interviews aufzeichnen möchten, gibt es heutzutage auch viele Anrufaufzeichnungsoptionen auf dem Markt.

Smartphones

Es gibt eine Tonne Aufnahme-Apps, mit denen Sie direkt auf Ihr Telefon aufnehmen können. Das Aufnehmen auf ein Telefon kann sehr praktisch sein, es fehlen jedoch die Flexibilität und die Optionen eines speziellen Digitalrekorders. Trotzdem ist es oft ein guter Ausgangspunkt für viele, und Sie können Ihre Ausrüstung jederzeit weiter aufrüsten.

Vorverstärker & Mixer

Sie brauchen keinen Vorverstärker oder Mixer, um Podcasts zu erstellen, aber viele Podcaster verwenden sie immer noch.

Mit einem Mixer haben Sie mehr Kontrolle über Pegel, Eingänge, Ausgänge und mehr.

Kopfhörer

Kopfhörer sind ein wichtiger Bestandteil der Podcast-Ausstattung.

Sie sollten Ihre Aufnahmen immer „überwachen", auch wenn Sie eine Einzelausstellung machen. Dies bedeutet, dass Sie während der Aufnahme Kopfhörer verwenden, damit Sie genau hören können, was aufgenommen wird. Dies hat den Vorteil, dass Sie Probleme sofort beheben können, wenn sie auftreten.

Sie benötigen auch Kopfhörer, um Ihren Gast zu hören, wenn Sie eine Online-Interviewshow durchführen. Sie eignen sich zum Abhören von Aufnahmen und zum Bearbeiten von Audiodaten.

Mikrofonständer

Wenn Sie Ihr Mikrofon richtig positionieren, verbessern Sie Ihre Körperhaltung und Klangqualität erheblich. Mit einem anständigen Mikrofonstativ können Sie das Mikrofon problemlos in eine bequeme Position bringen. Ebenso wichtig ist es, dass Sie Platz auf dem Schreibtisch schaffen und das Mikrofon immer griffbereit aufbewahren können.

Produktion und Veröffentlichung

Sobald Ihr Podcast aufgezeichnet wurde, haben Sie die Möglichkeit, ihn zu bearbeiten. Dies ist jedoch nicht erforderlich.

Wenn Sie eine Bearbeitung durchführen, können Sie eine der vielen verfügbaren Softwareoptionen auswählen. Wir haben bereits DAWs (Digital Audio Workstations) wie Audacity und Adobe Audition erwähnt, und beide sind großartige Optionen für die Postproduktion.

Um Ihren Podcast für die Welt hochzuladen, müssen Sie sich bei einem Medienhost anmelden. Hier lebt Ihr Podcast im Grunde online.

Was ist die beste Podcasting-Software?

Nachdem Sie Ihren Podcast aufgenommen haben, müssen Sie einige Änderungen und Anpassungen vornehmen, um die bestmögliche Klangqualität zu erzielen. Die gute Nachricht ist, dass Podcast-Bearbeitungssoftware überraschend günstig ist.

Hier sind unsere Empfehlungen:

Audacity - Kostenlos - Mac, Windows & Linux

Audacity ist ein kostenloser und Open-Source-Audio-Editor. Es ist mit Pro-Level-Funktionen ausgestattet, damit Ihre Podcast-Software Sie nicht zurückhält. Es gibt Versionen für Apple-, Windows- und Linux-Computer. Der einzige Nachteil ist, dass es ein wenig kompliziert am Anfang sein kann, aber es gibt jede Menge Videos und Online-Tutorials, die helfen.

GarageBand - Kostenlos - Mac & iOS

GarageBand ist auf den meisten Apple-Computern vorinstalliert. Wenn Sie es nicht haben, können Sie es kostenlos herunterladen. Es ist ein bisschen einfacher, GarageBand zu verwenden als Audacity, aber leider ist es auf Apple-Geräte beschränkt.

Hindenburg - Mac und Windows

Hindenburg ist eine professionelle Audio-Bearbeitungssoftware für Radio und Podcasts. Es ist nicht so günstig wie Audacity, bietet aber viele integrierte Podcasting-Funktionen. Wir empfehlen, mit einer 30-tägigen Testversion der Hindenburg Journalist-Version zu beginnen.

Adobe Audition

Dies ist eine hervorragende Podcast-Softwareoption für Personen, die vollständige Flexibilität und Kontrolle über ihre Projekte wünschen.

Es bietet alles, was Sie brauchen, um Audio-Editing und -Produktion zu beherrschen. Audition kann aufgrund der Vielzahl von Funktionen und Optionen viel mehr Lern- und Gewöhnungsaufwand erfordern. Aber wenn Sie erst einmal die Grundlagen verstanden haben, sind die Möglichkeiten, die Sie mit Ihrem Audio haben, nahezu unbegrenzt.

Wenn Sie bereit sind, Zeit und Geld in erstklassige Audioqualität für Ihren Podcast zu investieren, ist Audition eine herausragende Option.

Hilfreiche Tools

WinLAME - Audio Encoder

Wenn Ihr Audio aufgenommen und bearbeitet wurde (vorzugsweise im WAV-Format), müssen Sie es in ein geeignetes Podcast-Format konvertieren. Das allgemein akzeptierte Audio-Dateiformat für Podcasts ist MP3. WinLAME ist eine hervorragende kostenlose Podcast-

Software, mit der WAV-Dateien in das podcast-freundliche MP3-Format konvertiert werden können. Während Sie Dateien im MP3-Format direkt in Audacity speichern können, bietet WinLAME unserer Meinung nach eine weitaus feinere Kontrolle über den MP3-Codierungsprozess und ermöglicht Ihnen auch die Stapelverarbeitung vieler Audiodateien in einem Durchgang.

Paint.NET - Bildeditor

Jeder Podcast sollte im Idealfall ein Albumcover enthalten, das auf dem Player Ihrer Wahl angezeigt wird, sei es auf dem allgegenwärtigen iPod oder auf dem Media Player Ihres Computers. Um diese Grafik zu erstellen oder vorhandene Grafiken auf eine angemessene Größe zu reduzieren, benötigen Sie eine Bildbearbeitungssoftware, und Paint.NET ist eine sehr leistungsstarke und leistungsfähige Software für den Preis (kostenlos). .

Mp3Tag - ID3-Tag-Editor

Wenn Sie Ihre Podcast-MP3-Audiodatei und ein geeignetes Cover haben, müssen Sie das Cover in die MP3-Datei einbetten und einige zusätzliche Tags hinzufügen, die vom Wiedergabegerät des Hörers angezeigt werden können.

Diese "Meta" -Tags können verwendet werden, um ein wenig über Ihren Podcast zu erklären, z.B. Kategorie, Erscheinungsjahr, Copyright-Vermerke, Autor, Titel usw. Alle diese zusätzlichen Informationen werden mithilfe von ID3-Tags in Ihre MP3-Datei eingebettet. Um dies zu erreichen und Ihrem Podcast einen zusätzlichen professionellen Touch zu verleihen, benötigen Sie eine Tag-Bearbeitungssoftware.

Während Audacity das einfache Bearbeiten von ID3-Tags beim Speichern von MP3-Dateien ermöglicht, ist ein dedizierter Tag-Editor wie MP3TAG viel einfacher zu verwenden, umfassender und ermöglicht das Verarbeiten von Dateien sowie die Unterstützung vieler verschiedener Audiodaten.

FileZilla - FTP-Client

Nun, nachdem Sie Ihr Audio erfolgreich aufgenommen und bearbeitet, in das MP3-Format konvertiert und einige Cover-Grafiken sowie beschreibende Meta-Tags hinzugefügt haben, müssen Sie es als letztes auf Ihre Website hochladen. Dafür benötigen Sie einen FTP-Client. kein glamouröses Stück Software, sondern ein grundlegender Nutzen für die Arbeit in der Welt des Webs. Eine gute Wahl dafür ist FileZilla.

Hosting-Plattformen

Es gibt kostengünstige und sogar kostenlose Optionen, aus denen Sie auswählen können, wenn Ihr Budget knapp ist. Viele der kostenlosen Pakete sind mit eingeschränkten Funktionen ausgestattet. Wenn Sie jedoch anfangen, bieten kostenlose Hosting-Dienste eine hervorragende Möglichkeit, ihre Funktionen zu testen.

Sie sind möglicherweise nicht in der Lage, stundenlange Inhalte auf Ihrem Podcast-Server zu hosten, aber eine kostenlose Testversion oder ein kostenloser Plan können Sie bei der Funktionsweise von Podcast-Hosts überraschen.

1. Libsyn

Libsyn ist einer der beliebtesten Hosts, der Anfängern und Podcast-Profis hilft, ihre Arbeit schnell zu monetarisieren.

Mit über 35.000 gehosteten Podcasts, mehr als 62 Millionen Zuschauern und 4,6 Milliarden Podcast-Downloads im Jahr 2016 sind sie ein herausragender Akteur auf diesem Gebiet. Wie andere Podcast-Hosts geben sie ihren Benutzern zwischen 50 und 1500 MB monatlichen Speicherplatz, stellen Analyseberichte, die

Erstellung von RSS-Links, Premium-Inhalte und ihre App zur Verfügung.

2. SoundCloud

SoundCloud ist die weltgrößte Musik- und Audio-Hosting-Site und führte 2015 das Podcast-Hosting ein. Sie verzeichnet 175 Millionen Besucher pro Monat und unglaubliche 12 Stunden Inhalt, die jede Minute auf ihre Website hochgeladen werden.

Über die Hosting-Services erhalten Sie Zugriff auf alle eingebetteten Player, Twitter-Karten und Kommentare. Mit einem kostenlosen Konto können Sie 3 Stunden Inhalt pro Monat hochladen und grundlegende Berichte erhalten.

Das erweiterte SoundCloud Pro Unlimited-Konto bietet Ihnen unbegrenzte Upload-Zeit, geplante Veröffentlichungen, eingebettete Steuerelemente und die Möglichkeit, fünf Podcasts an Ihr Profil anzuheften.

3. Podomatic

Mit Podomatic können Ersteller Ihre neuen Audio-Inhalte in einem Dashboard aufzeichnen, hochladen und werben. Eine ihrer Stärken ist die Fähigkeit, Ihre Podcast-Werbung und Crowdsourcing mithilfe von Patreon und Advertisecast zu entwickeln.

Außerdem bietet Podomatic Optionen zum Teilen von Inhalten in sozialen Netzwerken und Ihr Podcast kann direkt auf Facebook- und Twitter-Feeds abgespielt werden. Sie arbeiten mit Weebly zusammen, um Ihnen bei der Erstellung einer Website und einer kostenlosen Podcast-App für iOS und Android zu helfen.

4. Blubrry

Blubrry ist ein großartiger Podcast-Hosting-Service, der nicht nur Hosting, sondern auch verwaltetes WordPress-Hosting mit PowerPress, dem führenden WordPress-Plugin für Podcaster, bietet. Mit mehr als 75.000 aktiven Installationen wird dieses Plugin konsistent gewartet, ist kostenlos zu verwenden und bietet SEO-Optionen und MP3-Tagging.

Auf der Blubrry-Website heißt es: „Blubrry ist der Ansicht, dass wir Ihnen großartige Tools zur Verfügung stellen sollten, ohne sich einzumischen.“ Sie bieten ein Podcast-Handbuch an, in dem Sie zahlreiche detaillierte Informationen zur Verwendung ihrer Dienste sowie Tipps und Ratschläge erhalten, um mit Ihrem neuen Podcast erfolgreich zu sein.

Blubrry entwickelt sich aufgrund seines kundenorientierten Ansatzes schnell zu einer der am besten bewerteten Lösungen.

Sie können viele andere Plattformen online finden und selbst entscheiden, was sich für Sie und Ihr Publikum am besten eignet.

Ihre erste Episode

Was brauchen Sie, bevor Sie mit der ersten Episode beginnen? Wie können Sie starten?

Es ist zuerst wichtig, dass Sie ein Thema haben. Wir haben dies schon erwähnt, aber in diesem Kapitel möchten wir es ein wenig detaillierter bearbeiten.

Eine Nische und Themen für Ihren Podcast finden

Podcasts sind sehr beliebt und es gibt Dutzende von Podcasts zu vielen verschiedenen Themen. Um am Wettbewerb teilzunehmen, müssen Sie Ihre Nische finden und die Themen auswählen, die Sie in Ihrem Podcast behandeln werden.

Sie müssen auch Ihr Publikum kennen und darüber nachdenken, was es interessanter finden würde. Diese einfache Übung gibt Ihnen eine klare Vorstellung von Ihrem Podcast und dem, was Sie sagen möchten. Vergessen Sie nicht, es aufzuschreiben.

Sie können es jetzt auf ganz bestimmte Themen einschränken. Wenn es in Ihrem Podcast beispielsweise um Musik geht, können Sie sie auf ein bestimmtes Genre, eine bestimmte Ära, eine bestimmte Region oder einen bestimmten Künstler eingrenzen.

Nun könnte es einige sehr beliebte Podcasts zu ähnlichen Themen geben. Sie fragen sich vielleicht, wie Sie mit ihnen konkurrieren könnten?

Sie können mit den Großen mithalten, indem Sie einfach Sie sind. Ihr Podcast wird Ihre einzigartigen Einsichten, Perspektiven, Stile und Stimmen enthalten. Es wird eine andere Erfahrung für Ihr Publikum sein und viele von ihnen werden gerne zuhören.

In erster Linie möchten Sie herausfinden, welcher Bevölkerungsgruppe Sie dienen möchten. Sie sollten eine Zielgruppe auswählen, die Sie mit Leidenschaft bei der Lösung eines bestimmten Problems unterstützen möchten.

Es ist hilfreich, eine persönliche Verbindung zu Ihrem Publikum zu haben, damit Sie verstehen, was es sich wünscht und mit was es zu kämpfen hat. Wir empfehlen, Nischen zu recherchieren und herauszufinden, wer Ihre Konkurrenz ist, bevor Sie eintauchen. Idealerweise möchten Sie eine Nische, die nicht sehr wettbewerbsfähig ist. Sehen Sie, wer in den Top 100

Ihrer Nische gelistet ist, und hören Sie sich die Podcasts an, um zu verstehen, was sie erfolgreich macht. Welche Fragen stellen sie ihren Interviewern? Lesen Sie ihre iTunes-Rezensionen und nehmen Sie zur Kenntnis, was die Rezensenten an ihnen am meisten mögen.

Wenn Sie über Ihre Nische nachdenken und Ihre Themen eingrenzen, können Sie später Ihre Podcast-Episoden planen und Abonnenten gewinnen, indem Sie sich an eine gut geplante Inhaltsstrategie halten.

Nachdem Sie sich überlegt haben, was Sie sagen möchten, werfen wir einen Blick auf die Dinge, die Sie benötigen, um all dies zu erreichen.

Betiteln Sie Ihren Podcast. Wählen Sie einen Titel für Ihren Podcast, der einfach und einprägsam ist. Wenn Sie eine etablierte Marke haben, möchten Sie Ihren Podcast möglicherweise genauso betiteln wie Ihre Marke. Denken Sie daran, iTunes ist eine Suchmaschine. Fügen Sie also zentrale Stichwörter hinzu, nach denen Ihre Zielgruppe möglicherweise sucht, um Sie zu finden.

Planen Sie Ihre ersten Podcast-Folgen

Sie müssen Ihre Podcast-Episoden planen, bevor Sie sie aufnehmen können. Es gibt mehrere wichtige Entscheidungen, die Sie treffen müssen.

1. Inhalt der Episode

Was sind die Themen für Ihre ersten Folgen? Sie können Ihre Inhalte in geordneter Weise planen, sie bearbeiten, indem Sie eine Gliederung erstellen und dann die Details untersuchen.

2. Länge der Folgen

Podcasts können zwischen 20 Minuten und über einer Stunde dauern. Die Dauer Ihrer Folgen hängt von Ihrem Inhalt und Ihrer Zielgruppe ab. Es gibt keine strengen Regeln für die ideale Länge einer guten Podcast-Folge.

Wenn Sie gute Inhalte haben, schneiden Sie diese nicht so ab, dass sie in die jeweilige Länge passen. Ziehen Sie den Inhalt nicht zu stark, damit Sie die gewünschte Episodenlänge füllen können.

3. Unterstützende Medien

Sie möchten auch eine Intro-Musik, Hintergrundmusik oder andere Sounds bearbeiten, die Sie möglicherweise zu Ihrem Podcast hinzufügen möchten, um einen dramatischen Effekt zu erzielen.

Im Folgenden nennen wir einige Orte, an denen Sie lizenzfreie Musik und Soundtracks finden können, die Sie in Ihren Podcast-Episoden oder als Ihre Themenmusik verwenden können. Lesen Sie die Lizenzbestimmungen sorgfältig durch, bevor Sie einen Titel in Ihrem Podcast verwenden.

Free Music Archive
YouTube Audio Library
Free Stock Music

4. Storyboarding und Scripting

Sie können sich sicherlich einfach hinsetzen und das aufnehmen, was Ihnen in den Sinn kommt. Dies gibt Ihren Nutzern jedoch den Eindruck, dass Sie Ihre Hausaufgaben nicht gemacht haben.

Sie müssen sich tatsächlich hinsetzen und das Skript aufschreiben. So bleiben Sie konzentriert und können professioneller und vorbereiteter klingen.

Sie können das Skript während der Aufnahme weiterhin aktivieren und deaktivieren. Wenn Sie jedoch ein aktuelles Skript verwenden, bleiben Sie auf dem

Laufenden und erhalten qualitativ hochwertigere Inhalte.

Nachdem Sie einige Zeit mit der Planung Ihrer Folgen und dem Nachdenken über Ihre Inhalte verbracht haben, ist es Zeit, Ihren ersten Podcast aufzunehmen.

Aufnehmen Ihres ersten Podcasts

Um Ihren Podcast aufzunehmen, benötigen Sie eine Audio-Aufnahmesoftware. Wir haben schon über diese gesprochen.

Wählen wir also beispielsweise Audacity für das Aufzeichnen aus.

Nach der Installation von Audacity müssen Sie es öffnen und über das Menü Datei ein neues Projekt erstellen.

Um Ihre Stimme aufzunehmen, klicken Sie einfach auf die Aufnahmetaste.

Nehmen Sie jetzt Ihren Podcast auf. Machen Sie sich keine Sorgen über unangenehme Pausen, Brüche, Husten oder irgendwelche Störungen, die Sie beim Erzählen machen könnten.

Sie können die Aufnahme so oft bearbeiten, wie Sie möchten.

Sie können Musikdateien auch als Hintergrundmusik festlegen.

Nachdem Sie Ihren Podcast aufgenommen haben, müssen Sie ihn exportieren.

Die meisten Podcaster exportieren ihre Audiodateien im MP3-Format, da dadurch kleinere Dateien mit guter Qualität erstellt werden.

Sie müssen auch über die Benennung Ihrer Podcast-Dateien klug sein. Denken Sie daran, dass es sich bei Podcasts um episodische Serien handelt. Verwenden Sie daher am besten eine Benennungspraxis, bei der der Dateiname eine Episoden- oder Seriennummer enthält.

Einige Vorschläge wären *WPB001.mp3* oder *WPBep001.mp3*.

Speichern Sie die endgültige Version Ihrer Podcast-Datei in einem separaten Ordner auf Ihrem Computer.

Tipps für die Aufnahme

Tipps für das Mikrofon

Unterschiedliche Mikrofone verhalten sich unterschiedlich. Einige möchten, dass Sie näher kommen, andere möchten, dass Sie sich ein Stück weiter befinden. Einige nehmen Raumgeräusche sehr gut auf, andere nicht. Es ist wichtig, dass Sie Ihr Mikrofon kennenlernen, damit Ihre Stimme optimal klingt. Dies erfordert oft nur viel Ausprobieren.

Sitzen oder Stehen

Hier muss man experimentieren. Viele Sprecher stehen gerne. Sänger stehen gerne. Podcaster und Radiomoderatoren sitzen traditionell. Versuchen Sie beides, da Sie möglicherweise einen Unterschied hören. Zum Beispiel sprechen manche Leute im Stehen schneller. Einige können ihre Gedanken besser ausdrücken, wenn ihre Hände frei sind.

Experimentieren Sie, und tun Sie das, was sich richtig anfühlt.

Verwenden Sie immer einen Pop-Filter

Ein Popfilter oder eine Windschutzscheibe oder sogar eine Socke oder Nylons über dem Mikrofon helfen dabei, "P" -Geräusche zu entfernen und die Lautstärke zu kontrollieren. Diese Geräusche erzeugen häufig diese scharfen Lautstärkespitzen, die unerwünscht sind. Das Schöne an einem Pop-Filter ist, dass er billig ist und es keinen Grund gibt, ihn nicht zu kaufen.

Stellen Sie sicher, dass Sie aufnehmen

Es kann hilfreich sein, für jede Aufzeichnung eine Checkliste zu erstellen, um sicherzustellen, dass Sie alles getan haben. Schließen Sie die Tür, bringen Sie das Telefon zum Schweigen, kleben Sie die Notiz "Nicht stören" auf die Vordertür und vergewissern Sie sich, dass die Aufnahmetaste gedrückt ist.

Tragen Sie Ihre Kopfhörer

Einige professionelle Studios bestehen darauf. Das liegt daran, dass Sie als Produzent hören müssen, wie die Show aufgenommen wird. Dies gilt insbesondere dann, wenn Sie unterwegs Menschen auf der Straße aufnehmen. Setzen Sie diese Kopfhörer auf, um sicherzustellen, dass Sie ihre Stimme richtig wahrnehmen und dass Außengeräusche nicht zu schlimm sind.

Bereiten Sie Ihre Stimme vor

Sie können YouTube nach Aufwärmroutinen durchsuchen. Viele Podcaster durchlaufen Routinen, bevor sie aufzeichnen. Finden Sie eine, die Sie mögen, und wärmen Sie Ihre Stimme auf.

Die tiefe traditionelle Sprecherstimme gehörte der Vergangenheit an. Heute sind einzigartige Stimmen mehr erwünscht. Also seien Sie, Sie selbst. Sie sind einzigartig genug. Einige Leute spielen im Podcast eine eigene Figur. Sie klingen ruhiger oder unheimlicher. Das ist auch in Ordnung, aber Sie müssen damit im Einklang stehen und es zu einem Teil von Ihnen machen.

Bearbeitungstipps

Wenn Sie Zweifel haben, schneiden Sie es aus

Schneiden Sie alles aus, was der Show keinen Mehrwert verleiht. Die Leute bevorzugen oft eine kürzere Show mit großartigem Audio gegenüber einer längeren Show mit großartigem Audio und einigen langweiligen Teilen. Sie wollen skrupellos sein und die langweiligen und mittelmäßigen Teile herausschneiden. Auf diese Weise wird Ihre Show besser.

Wenn Sie anfangen zu hinterfragen, ob ein bestimmtes Teil gut ist oder nicht, ist dies normalerweise ein Zeichen dafür, dass es nicht gut ist. Ändern Sie es, bearbeiten Sie es, schneiden Sie es aus, wiederholen Sie es. Denn wenn Sie sich nicht sicher sind, bedeutet dies, dass es vielen Menschen nicht gefallen wird. Sie möchten die Anzahl der Hörer maximieren, die es mögen, und die Anzahl der Hörer reduzieren, die es nicht mögen. Eine wichtige Sache beim Podcasting ist es, die Zuhörer, die Sie bereits haben, zu behalten. Verjagen Sie sie also nicht, weil einige Teile langweilig sind oder Sie dachten, sie wären nicht gut gewesen. Schneiden Sie es einfach aus.

Die erste Aufnahme ist oft Müll

Egal wie gut Sie sind, der erste Entwurf und die erste Aufnahme sind schlecht. Manche müssen es jedoch nicht zweimal machen. Aber wenn Sie eine Skriptshow machen und etwas erzählen, müssen Sie erkennen, dass der erste Versuch nur Übung war. Sie sollten das Skript wahrscheinlich bearbeiten und es erneut lesen.

Atemgeräusche

Wenn Atemgeräusche ablenken, schneiden Sie sie aus. Bestimmte Mikrofone „atmen" mehr als andere. Die Art und Weise, wie Sie Ihren Kopf zum Mikrofon neigen, spielt auch eine Rolle. Wenn Ihre Show-Moderatoren also viele Atemgeräusche machen, ist dies oft nur ein Problem mit dem Mikrofon.

Wie oft werden Sie hochgeladen?

Der durchschnittliche Podcast-Konsument hört sich 5 Sendungen pro Woche an, daher besteht mit Sicherheit ein Bedarf an häufigem Inhalt. Unabhängig davon, wie häufig Sie sich für eine Veröffentlichung entscheiden, sollten Sie Ihren Wunsch nach Wachstum und Ihre realistische Verfügbarkeit widerspiegeln.

Das häufige Posten hilft Ihnen dabei, schneller zu wachsen, aber es kann anstrengend sein. Das Wichtigste ist, dass Sie konsequent und zuverlässig posten, um eine Beziehung zu Ihrem Publikum aufzubauen. Wählen Sie Ihre Tage und halten Sie sich an sie.

Strategisieren Sie Ihren Start.

Wenn Sie bereit sind, Ihren Podcast live zu schalten, möchten Sie bei Ihrem Start strategisch vorgehen. Halten Sie vor dem Start einige Folgen bereit (zwischen 3 und 7). Koordinieren Sie Ihren Start mit einflussreichen Persönlichkeiten in Ihrer Nische - lassen Sie sich bestätigen, dass sie Ihren Start am Tag der Veröffentlichung vor Publikum werben werden. Bitten Sie alle Beteiligten, einschließlich Freunde und Familie, Ihren Podcast auf iTunes zu checken und Ihre Folgen herunterzuladen. All dies wird dazu beitragen, Ihre

Platzierungen in iTunes zu verbessern und Ihre Reichweite zu erhalten.

Geben Sie Ihrem Publikum, was sie wollen

Erstellen Sie einen Kommunikationskanal zwischen Ihnen und Ihrem Publikum, z. B. eine E-Mail-Liste oder eine Facebook-Seite, damit Sie Ihr Publikum um Feedback zu Ihrer Show bitten können. Fragen Sie sie, was sie hören möchten und wie Sie sich verbessern können. Achten Sie zum Schluss auf die Leistungsdaten Ihrer Sendung und achten Sie auf Trends in Ihren meistgesehenen Folgen. Liefern Sie mehr von dem, was sie mögen, und Sie werden sehen, wie Ihre Ansichten stetig steigen.

Interessanter Inhalt und interessante Gäste

Die Fragen, die Sie in Ihren Interviews und Gesprächen mit Ihren Gästen stellen, sind von großer Bedeutung.

Fragen zu stellen ist eine der wichtigsten Fähigkeiten, nicht nur im Podcasting, sondern im Leben im Allgemeinen. Die Fähigkeit, jemandem beim Sprechen zuzuhören, dann die Konversation zu steuern und zusätzliche Informationen abzurufen, kann den Unterschied zwischen einer langweiligen und uninteressanten Konversation und erstaunlichen Inhalten ausmachen.

Wenn Sie Gäste in Ihrer Show haben, recherchieren Sie diese bitte rechtzeitig. Viele Experten und bekannte Persönlichkeiten haben ein loses Drehbuch, an das sie sich in den meisten Interviews oder Vorträgen halten. Wenn Sie gute Fragen stellen, verlassen Sie die Komfortzonen.

Wenn Sie keine Gäste in Ihrer Show haben, sollten Sie immer noch Fragen stellen. Stellen Sie Fragen an sich selbst und beantworten Sie sie dann auf Sendung. Wenn Sie zu einem aktuellen Ereignis oder Thema sprechen, fragen Sie sich: "Warum gefällt mir das? Warum ist mir das wichtig, meinem Publikum? “, Dann antworten Sie. Dies hilft, das Publikum in die Konversation einzubeziehen und Ihre Punkte über den Nennwert hinaus zu erweitern.

Vergessen Sie nicht, auch Ihrem Publikum Fragen zu stellen. Eine der Besonderheiten eines Podcast-Publikums ist die Möglichkeit, mit ihnen zu interagieren. Stellen Sie ihnen die Frage: „Was denkt ihr alle zu diesem Thema? Haben Sie schon dieses Rezept probiert? Teilen Sie uns dies im Kommentarbereich mit oder senden Sie eine E-Mail an_______. Dies fördert das Engagement der Zuhörer, und engagierte Zuhörer können eine erstaunliche Quelle für Feedback sein. Insbesondere, wenn Sie Ihre E-Mail-Liste erweitern und sich gut darauf einlassen und darauf antworten können, haben Sie einen Zuhörer fürs Leben.

Hier sind drei kurze Tipps zum Stellen guter Fragen:

Offene Fragen stellen - Versuchen Sie niemals, Fragen zu stellen, die einfach mit „Ja“ oder „Nein“ beantwortet werden können. Diese Fragen liefern Ihnen oder Ihrem Publikum selten einen Einblick oder Wert. Auf diese Weise können die Leute Ihre Frage auch mental beschönigen und nicht wirklich über die Antwort nachdenken.

Fragen Sie „Was“ und „Wie“ - Fragen wie „Was hat Ihnen gefallen?“, „Was haben Sie aus dieser Erfahrung gelernt?“ Oder „Wie haben Sie dies erreicht?“ Oft befinden sich die richtigen Antworten eine oder zwei Schichten unter dem, was wir ursprünglich teilen würden. Verwenden Sie diese Fragen, um tiefer zu graben.

Meistern Sie die Spiegelungstechnik - Spiegelung kann extrem leistungsstark sein. Wenn Ihnen jemand eine Antwort gibt, auf die Sie mehr Informationen wünschen, wiederholen Sie einfach ungefähr die letzten 4 bis 6 Wörter oder die letzte Idee, die sie in ihrem Satz gesagt haben, und sie geben jedes Mal mehr Informationen auf. Nehmen Sie dieses Beispiel:

Gast: "Um jemanden zu veranlassen, mehr Informationen preiszugeben, wiederholen Sie einfach die letzten 4-6 Wörter des Satzes."

Sie: "Die letzten paar Worte wiederholen?"

Gast: „Ja, ziemlich cool, oder? Das führt dazu, dass sie ihre Gedanken sozusagen fortsetzen und dann mehr Informationen darüber preisgeben, und tiefer graben. "
Erzählen Sie eine Geschichte, wann immer dies möglich ist - Die Kraft des Erzählens genug betont werden. Das Erzählen großartiger Geschichten für Ihr Publikum und das Stellen aufschlussreicher Fragen, die andere dazu ermutigen, dasselbe zu tun, macht Ihren Podcast nicht nur einprägsamer, sondern aktiviert auch verschiedene Bereiche des Gehirns des Hörers. In einigen Fällen kann das Gehirn sogar so auf gutes Geschichtenerzählen reagieren, als wäre der Zuhörer tatsächlich ein Teil der Geschichte

Bleiben Sie beim Thema - Podcasting kann Spaß machen, besonders wenn Sie es mit Freunden machen, mit großartigen Gästen sprechen und sich mit dem Mikrofon wohler fühlen. Während es wichtig ist, Spaß zu haben, ist es wichtig, beim Thema zu bleiben. Es mag schwierig klingen, das Thema während der Aufnahme einer Sendung zu verlassen, aber wenn Sie sich erst einmal wohl fühlen und in das richtige Gespräch geraten, kann es leicht sein, sich von Ihrem Hauptthema zu lösen.

Verstehen Sie uns nicht falsch, ein bisschen vom Thema abzukommen ist keine schlechte Sache. Nicht zu wissen, wann man die Dinge zurückspult und den Zug auf den Gleisen hält, ist schon eine schlechte Sache. Wenn sich die Leute auf Ihre Show einstellen, die eine Erwartung für ein bestimmtes Thema erfüllen muss, möchten Sie sicher gehen, dass Sie diese Erwartung in jeder Episode erfüllen.

Podcast Marketing

Einige sagen, dass der einzige Weg, Ihren Podcast wirklich zu vermarkten und Ihr Publikum zu vergrößern, darin besteht, eine fantastische Show zu machen.

Die meisten wissen, dass es nicht ganz so einfach ist. Sie können einen phänomenalen Podcast erstellen, aber das lässt sich nicht leugnen: Es ist ein gesättigter Markt. Unabhängig von der Qualität Ihres Podcasts sind manchmal einige zusätzliche Schritte erforderlich, um Ihr Publikum zu finden und zu erweitern.

Glücklicherweise ist der Einstieg möglicherweise nicht so schwierig, wie es scheint. Mit ein paar schnellen Änderungen und E-Mails sind Sie auf dem richtigen Weg, Ihren Podcast zu promoten und Ihr Publikum zu erweitern.

Im Folgenden finden Sie einige praktische und dennoch strategische Maßnahmen zur Vermarktung Ihres Podcasts und zur Maximierung Ihrer Podcast-Zielgruppe:

1. Verwenden Sie Stichwörter:

Dies hilft denjenigen, die nach Podcasts suchen, auf Ihre zu stoßen. So sehr Sie mit Ihrem Titel und Ihrer

Beschreibung kreativ sein möchten, ist es manchmal am besten, sie auf den Punkt zu bringen. Überlegen Sie, was Sie in eine Google-Suche eingeben würden, wenn Sie nach einem neuen Podcast suchen, den Sie sich anhören können. Sie können dem Beschreibungsbereich Ihrer Sendung auch mehrere Stichwörter hinzufügen.

2. Sparen Sie nicht bei der Beschreibung:

Einige "saftige" Details werden die Zuhörer anlocken. Sie möchten nicht, dass andere auf das Hören Ihres Podcasts verzichten, weil Sie wichtige Informationen ausgelassen haben. Denken Sie daran, Inhalt ist der Schlüssel! Es ist auch wichtig, Schlüsselwörter zu verwenden, manchmal werden relevante Links in der Show in der Beschreibung oder in den Shownotizen für Ihre Episode erwähnt..

3. Senden Sie an jedes Podcast-Verzeichnis:

Je mehr Orte, desto besser. Googlen Sie einige bekannte Podcasts und finden Sie heraus, wo sie erscheinen, und versuchen Sie, die eigenen an denselben Orten zu senden. Stellen Sie sicher, dass Sie Ihren Podcast auch an Apple Podcasts, Google Podcasts, Spotify, TuneIn und Stitcher senden.

4. Pressemitteilungen:

Suchen Sie auf Foren nach Möglichkeiten. Wenn Sie Blogs oder Artikel sehen, in denen „Beste Kriminal-Podcasts“, „Beste Comedy-Podcasts“, „Beste Business-Podcasts“ usw. aufgelistet sind, kommentieren Sie bitte den Autor und loben Sie ihn für die Erstellung der Liste und erwähnen Sie Ihre. Sie sollten sich auch schriftlich an den Autor wenden und fragen, wie Sie zur Liste hinzugefügt oder möglicherweise beim nächsten Mal erwähnt werden können. Auch wenn sie diesmal nicht in der Lage sind, Ihnen zu helfen, ist das Networking niemals eine schlechte Sache. Bleiben Sie also, wenn möglich, mit ihnen in Kontakt. Wenn Sie zu einer ihrer Listen hinzugefügt werden, müssen Sie für sie werben! Sie suchen immer nach mehr Anhängern, genau wie Sie.

5. Seien Sie aktiv bei Apple Podcasts:
Finden Sie ähnliche Podcasts und veröffentlichen Sie Rezensionen. Ihr Benutzername sollte der Name Ihres Podcasts sein. Dies wird Ihnen helfen, ein wenig mehr Kontakt mit den Leserezensionen aufzunehmen. Etwas, an das man sich erinnern muss, ist immer freundlich zu sein.

Wenn Sie konstruktive Kritik haben, senden Sie sie am besten in einer privaten Nachricht. Ein zusätzlicher iTunes-Tipp: Ab dem Startdatum haben Sie 8 Wochen Zeit, um auf der Liste der 100 Neuesten und

Erwähnenswertesten zu stehen. Obwohl niemand wirklich das genaue Geheimnis kennt, um auf diese Liste zu kommen, gibt es ein paar Dinge, die Ihre Chancen verbessern können. Sie können am Starttag mindestens 3 Folgen veröffentlichen und die erste Woche damit verbringen, Ihr Publikum zu erreichen. Bitten Sie das Publikum, alle drei Folgen herunterzuladen und eine Bewertung und Rezension abzugeben.

6. Auf Social Media interagieren:

Twitter, Facebook, Instagram usw. sind allesamt unglaubliche Tools, um Zuhörer zu gewinnen. Es ist ganz einfach, über soziale Medien mit Ihren Zuhörern in Kontakt zu bleiben. Seien Sie dankbar für alle Follower / Zuhörer, die Sie haben. Machen Sie keinen Stress, wenn Ihre Nummern nicht dort sind, wo Sie sie haben möchten. Genießen Sie die Reise und sehen Sie zu, wie Ihr Podcast wächst.

Soziale Medien können eine großartige Möglichkeit sein, sich mit Ihrem Podcast bekannt zu machen. Denken Sie nur daran, dass nicht jede Methode für jedes Publikum funktioniert. Social Media kann auch zeitaufwändig sein. Daher ist es eine gute Idee, Ihre Zielgruppe zu identifizieren und einen einzigartigen Weg zu finden, um sie zu erreichen.

Twitter

- Angepasste Tweet-Schaltfläche
- Vorgefertigte Tweets für wichtige Gäste
- Mit neuen Followern in Kontakt treten
- Erhalten Sie Traffic, indem Sie neuen Benutzern folgen

Wenn Sie ein Twitter-Konto haben, das mit Ihrem Podcast oder Blog verknüpft ist, können Sie Ideen austauschen und neue Hörer erreichen. Zitate und Tweetables aus Ihrem Podcast oder Ihren Shownotizen sind derzeit sehr beliebt.

Twitter und Beziehungen gehen Hand in Hand. Wenn Sie einen wichtigen Gast haben, machen Sie es ihm einfach, Ihre Informationen weiterzugeben. Sie können einen vorgefertigten Tweet erstellen, der dann nur noch gesendet werden muss. Sie sollten auch eine benutzerdefinierte Twitter-Schaltfläche für alle Ihre Produkte haben.

Aktive Twitter-Nutzer checken häufig das Profil neuer Follower aus. Wenn der neue Follower prominent ist und viele Follower hat, kann der Benutzer sogar den Podcast oder Blog lesen.

Facebook

Facebook kann verwendet werden, um fast alles zu vermarkten. Wenn Sie noch kein etabliertes Facebook-Publikum haben, können Sie die Menschen am schnellsten über Anzeigen erreichen. Facebook-Anzeigen können knifflig sein, und wenn sie nicht richtig gemacht werden, können Sie zu viel ausgeben und nicht viel zurückbekommen. Konzentrieren Sie sich darauf, genau festzulegen, wer Ihre Zielgruppe ist, und schränken Sie sie dann ein. Sie können sich auf den Standort, das Alter, den Beruf, die Interessen oder einfach nur auf Informationen zu deren Profil konzentrieren. Um das Beste aus Facebook-Anzeigen herauszuholen, müssen Sie sie testen und optimieren. Sie können sie jedoch verwenden, um Ihre Zielgruppe anzukurbeln.

Richten Sie sich an Ihre Zielgruppe

Die Art der sozialen Medien, mit denen Sie für Ihren Podcast werben, hängt von Ihrem Publikum ab. Pinterest eignet sich hervorragend zum Kochen oder für DIY-Podcasts. Wenn Sie Rezepte, Bilder oder Anweisungen mit Bildern haben, können Sie mit Pinterest für Ihre Show oder Shownotizen werben.

Wenn Sie eine „Challenge“ zur Gewichtsreduktion durchführen, ist Instagram möglicherweise ein gutes soziales Medium, um die Aufmerksamkeit auf Ihre Show zu lenken. Wenn Sie Reddit-Experte sind, können Sie mit Reddit für Ihren Podcast werben. Wenn Sie ein Reddit-Neuling sind, ist die Lernkurve ziemlich steil. Es gibt keine einheitliche Social-Media-Methode. Versuchen Sie herauszufinden, was für die Show am besten funktioniert.

Beziehungen

Beziehungen spielen im Podcasting eine große Rolle. Wenn Sie versuchen, Bekanntheit zu erlangen, kann die Kontaktaufnahme mit anderen Podcastern zu Cross-Promotion-Gelegenheiten den Unterschied in der Welt ausmachen.

Mailinglisten

E-Mail-Marketing ist nach wie vor stark. Das Erstellen einer Liste ist immer noch ein guter Weg, um Menschen zu erreichen. Wenn Sie einen kreativen Weg finden, einen Podcast-Gast dazu zu bringen, einen Link von ihnen zu senden, können Sie eine neue Gruppe von Zuhörern erreichen.

7. Betrachten Sie andere nicht als Konkurrenten:

Es ist leicht, sich darauf einzulassen, aber es ist wichtig, sich davon zu trennen. Sehen Sie andere Podcaster als Ihre Gleichen oder Freunde an, nicht als Ihre Konkurrenz. Sie alle haben gemeinsame und ähnliche Ziele. Es ist wichtig, sich gegenseitig anzuheben.
Wenn Sie Liebe zeigen, zeigen Ihnen die Leute auch Liebe. Wenn Sie für Ihre Show werben möchten, empfehlen Sie einen anderen Podcast, den Sie mögen, oder einen ähnlichen. Sie werden überrascht sein, wie viele Menschen eine selbstlose Handlung eines anderen Podcasters respektieren.

Eine großartige Möglichkeit, hilfreich und unterstützend zu sein, besteht darin, Podcast-Gruppen auf Facebook beizutreten. Es ist eine gute Möglichkeit, Freunde zu finden, um Rat zu fragen und Ratschläge zu geben.

8. Machen Sie es sich einfach:
Wenn Sie einigen Facebook-Gruppen beigetreten sind, fragen Sie den Administrator, ob Sie sich und Ihre Show vorstellen können. Wenn sie es zulassen, platzieren Sie einen Link zu Ihrer Website oder Hosting-Site sowie einen Link zu iTunes. Es ist wichtig, dass Sie Ihren Zuhörern die Arbeit so leicht wie möglich machen. Lassen Sie sie nicht nach Ihnen suchen - geben Sie ihnen einen anklickbaren Link.

9. Verwenden Sie relevante Hashtags:
Es gibt so viele Hashtags, die Sie in sozialen Medien verwenden können. Dies kann dazu führen, dass Ihr Podcast Zuhörer erhält. Viele Podcaster verwenden #FF (Follow Friday). Listen Sie andere Podcasts auf und verwenden Sie den Hashtag. Es wird erneut getwittert und Sie befinden sich auf unzähligen Listen, die mit dem Hashtag verknüpft sind. Andere gebräuchliche Hashtags sind #PodernFamily und #PodcastShuffle.

10. Audio Swaps und Guest Spots:
Dies ist eines der besten Dinge, die Sie tun können, um Ihre Show zu vergrößern. Wenden Sie sich an andere Podcaster, um herauszufinden, ob sie bereit sind, einen Audiotausch durchzuführen oder in Ihrer Show zu Gast zu sein. Ein Audio-Tausch findet statt, wenn ein 30-60-Clip Ihrer Show in ihrer und umgekehrt gezeigt wird. Wenn jemand Ihren Clip abspielt oder Sie einen Gastauftritt in seiner Show machen, machen Sie Werbung für diese Episode für ihn (und für Sie).
Und zu guter Letzt vergessen Sie nicht die Menschen, die Ihnen helfen: Zeigen Sie Ihren Mitpodcastern, Zuhörern, Redakteuren / Produzenten, Musikschaffenden usw. immer Respekt.

11. Verwandeln Sie Content in ein YouTube-Video

Sie können Ihre Episode in ein YouTube-Video umwandeln, um es einfach auf Social Media-Plattformen zu teilen. Sie können sogar die automatische Untertitel- und Transkriptionsfunktion von YouTube verwenden, wenn Sie nicht transkribieren möchten.

Video-Podcasts werden auch diejenigen ansprechen, die die Zeit und Freiheit haben, die Folge anzusehen. Es kann sogar eine Möglichkeit sein, Ihren YouTube-Kanal zu werben, wenn Sie einen haben! Machen Sie es in Suchmaschinen (für SEO) durchsuchbarer, indem Sie es "Interview mit ..." nennen oder einen guten, schlüsselwortreichen Titel verwenden.

12. Führen Sie ein Gewinnspiel durch

Um mehr Menschen dazu zu bringen, um auf Sie aufmerksam zu werden, benötigen Sie viele Rezensionen. Glücklicherweise gibt es eine bewährte Methode, um echte Bewertungen zu erhalten (und zwar schnell!), Ohne darum bitten zu müssen: Verschenken Sie etwas!

Werbegeschenke sind seit langem ein wirksames Instrument für Online-Schöpfer und Influencer, um ihre Fangemeinde zu vergrößern. Die Prämisse ist einfach: Jeder, der beitreten möchte, muss lediglich einen Kommentar verfassen, abonnieren, eine Nachricht hinterlassen oder Ihren Beitrag teilen. Er wird dann automatisch eingetragen. In Ihrem Fall ist eine Eintragungsvoraussetzung, die für Sie von Vorteil ist, dass Ihre Zuhörer eine Rezension Ihres Podcasts bei iTunes hinterlassen.

Und stellen Sie sicher, dass Sie aufregende und ansprechende Preise dabei haben. Dies können Produkte und / oder Dienstleistungen sein, die sich auf Ihre Inhalte beziehen, beispielsweise eine kostenlose Smartwatch für technische Podcasts oder ein all-inclusive Spa-Tag für Shows, die sich mit Gesundheit und Wellness befassen.

13.Finden Sie Partner, die für Sie werben

Wir brauchen alle ein bisschen Hilfe - besonders am Anfang. Zögern Sie nicht, Marken und anderen Podcastern in Ihrer Show Grüße zu überbringen. Beginnen Sie mit Podcasts in Ihrer Nische, da dies später zu Kollaborationen führen kann. In der Regel ist es sinnvoller, wenn Podcaster in derselben Nische mit anderen zusammenarbeiten.

Wenn Sie eine Verbindung zwischen Ihrem Podcast und einer anderen Marke in Bezug auf Ihre Interessenvertretung oder Ihr Bildungsthema sehen, können Sie sich per E-Mail an diese Personen wenden, um einen freundlichen Deal vorzuschlagen, bei dem Sie sich gegenseitig fördern, um Ihre gemeinsame Sache zu unterstützen. Diese Art von Cross-Promotion-Strategie ist im Wesentlichen eine Win-Win-Situation für Sie beide!

14.Tippen Sie auf die Zielgruppen anderer Personen

Wenden Sie sich an andere Personen (nicht nur an andere Podcaster, sondern auch an Personen mit jeglichem Einfluss online) und bitten Sie sie, in Ihrer Sendung mitzuwirken. Offensichtlich wäre es für Ihre Werbemaßnahmen besonders hilfreich, wenn der Interviewte oder Gast, den Sie einladen, weit mehr Anhänger und Fans hat als Sie, aber es wäre trotzdem von Vorteil, wenn sie die gleichen Nummern haben wie Sie (oder sogar ein bisschen weniger), aber Sie haben eine ganz andere Zielgruppe, von der Sie glauben, dass sie möglicherweise auch Ihren Inhalt mögen könnte.

Und vergessen Sie natürlich nicht, die eigentliche Podcast-Episode zu promoten - sowohl vor als auch nach der Ausstrahlung. Wir empfehlen Ihnen daher, Snippets, Zitate und andere aufmerksamkeitsstarke Medien zu erstellen, die Ihr Gast problemlos auf seinen eigenen Plattformen teilen kann.

15.Gaststar in Podcasts anderer Leute

Natürlich ist es für andere Podcaster die einfachste Möglichkeit, für Sie zu werben, wenn Sie ein Gaststar in ihrer Show sind. Viele Podcast-Plattformen ermutigen Podcaster tatsächlich zur Zusammenarbeit, da beide (oder mehr!) Podcaster die Möglichkeit haben, ihre Fangemeinde zu vergrößern.

Es mag für Anfänger unangenehm sein, Podcast-Freunde zu finden, mit denen sie zusammenarbeiten können, aber viele Veranstalter wissen es zu schätzen, wenn andere sich für eine Show zusammenschließen. Dies wird ihnen nicht nur dabei helfen, mehr Zuhörer zu gewinnen, sondern auch Material für eine bevorstehende Episode liefern.

Website für den Podcast

Wir haben die wesentlichen Dinge genannt, die Sie für den Start brauchen. Wir müssen aber auch über die Website sprechen. Dies ist wirklich wichtig und wir erklären Ihnen auch, wie Sie eine erstellen können.

Für ein professionelles Podcasting-Setup gibt es einige Dinge, die Sie benötigen, um loszulegen.

Die erste Sache ist eine Website oder ein Blog, auf der die Leute mehr über Sie und Ihren Podcast erfahren können.

Wir werden den Prozess kurz erklären.

Website Setup: WordPress Hosting und Domain Name

Der wichtigste Schritt beim Erstellen einer Website ist die Auswahl der richtigen Plattform. Zum Glück sind Sie hier, damit Sie keine Anfängerfehler machen.

Wir empfehlen die Verwendung von WordPress.org, das auch als selbst gehostetes WordPress bezeichnet wird, für die Einrichtung Ihrer Podcasting-Website.

WordPress ist kostenlos, Sie können Plugins installieren, Ihr Site-Design anpassen und vor allem Geld mit Ihrer Site verdienen, ohne Einschränkungen

Es gibt keinen Haken. Es ist kostenlos, da Sie das Setup selbst durchführen und es hosten müssen.

Mit anderen Worten, Sie benötigen einen Domainnamen und ein Webhosting.

Ein Domainname ist die Adresse Ihrer Website im Internet. Dies ist, was die Leute eingeben, um auf Ihre Website zu gelangen. Zum Beispiel google.com.

Webhosting ist das Haus Ihrer Website im Internet. Hier werden alle Ihre Dateien und Bilder gespeichert. Jede Website benötigt Webhosting.

Die typischen Kosten für Webhosting betragen 7-8€ pro Monat und ein Domain-Name kostet in der Regel rund 13-15€ pro Jahr.
Wir empfehlen die Verwendung von Bluehost, da es sich um einen der offiziellen von WordPress empfohlenen Hosting-Anbieter und einen der größten Webhosting-Dienste der Welt handelt.

Veröffentlichen Sie Ihren Podcast mit WordPress

Nachdem Sie einige Folgen erstellt und mit deren Qualität zufrieden sind, lernen Sie, wie Sie Ihren Podcast mit WordPress veröffentlichen.

Sie müssen sich im Admin-Bereich Ihrer WordPress-Site anmelden.

Als erstes müssen Sie das Blubrry PowerPress Podcasting Plugin installieren und aktivieren.

Nach der Aktivierung sehen Sie einen PowerPress-Menüpunkt im WordPress-Admin-Menü. Wenn Sie darauf klicken, gelangen Sie zur Einstellungsseite des Plugins.

Wenn Sie Blubrry zum Hosten Ihrer Podcasting-Dateien verwenden, müssen Sie auf die Schaltfläche klicken, um die Blubrry-Statistiken und die Hosting-Dienste zu konfigurieren.
Wenn Sie auf die Schaltfläche klicken, wird ein Popup-Fenster geöffnet, in dem Sie die E-Mail-Adresse und das Kennwort Ihres Blubrry-Hosting-Kontos eingeben müssen.

Als nächstes müssen Sie die restlichen Informationen auf der Einstellungsseite ausfüllen. Geben Sie einen Titel für Ihren Podcast ein und füllen Sie die iTunes-Felder aus.

Diese iTunes-Felder für Beschreibung, Kategorie, Untertitel, Bildmaterial usw. werden im RSS-Feed Ihres Podcasts verwendet, und iTunes verwendet sie, um Ihren Podcast in ihrem Verzeichnis abzulegen.

Vergessen Sie nicht, auf die Schaltfläche "Änderungen speichern" zu klicken, um Ihre Einstellungen zu speichern.

Ihre WordPress-Site kann jetzt Ihren Podcast veröffentlichen.

Hinzufügen Ihres ersten Podcasts in WordPress

Um Ihren ersten Podcast zu veröffentlichen, müssen Sie zu Beiträge »Neue Seite hinzufügen gehen.

Es wird dringend empfohlen, eine separate Kategorie für Ihre Podcast-Episoden zu erstellen. Auf diese Weise können Sie Ihre Podcast-Episoden vom Rest Ihres Inhalts trennen. Sie können Ihren Podcast-Feed auch später problemlos veröffentlichen.

Danach müssen Sie zum Ende der Seite scrollen und dort sehen Sie das Feld "Podcast-Episode".

Blubrry-Hosting-Benutzer müssen auf das Ordnersymbol klicken und die Datei auswählen, die sie auf Blubrry-Medien hochgeladen haben.

Andere Benutzer müssen hier ihre Mediendatei-URL einfügen. Klicken Sie auf die Schaltfläche zum Überprüfen, um sicherzustellen, dass Sie die richtige URL eingefügt haben.

Jetzt müssen Sie zurück zum Post-Editor-Bereich scrollen. Geben Sie Ihrem Blog-Beitrag einen passenden Titel und fügen Sie im visuellen Editor eine Beschreibung dieser Podcast-Episode hinzu.

Sie werden im visuellen Editor zwei Schaltflächen mit den Bezeichnungen SPP und STP bemerken. Diese Schaltflächen werden vom Smart Podcast Player-Plugin hinzugefügt.

Mit der Schaltfläche SPP können Sie den vollständigen Smart Podcast Player hinzufügen, der alle Ihre Podcast-Episoden enthält. Benutzer können sie einzeln abspielen.

Da Sie jedoch einen Blogeintrag für eine bestimmte Podcast-Episode erstellen, müssen Sie auf die Schaltfläche STP oder Smart Track Player klicken.

Wählen Sie "Eine bestimmte Episode Ihres Podcasts abspielen" und geben Sie die URL der Mediendatei an, die abgespielt werden soll.

Sie können die URL der Mediendatei im Metafeld "Podcast-Episode" abrufen, in dem Sie gerade die Episode hinzugefügt haben.

Klicken Sie nach dem Hinzufügen der Mediendatei-URL auf die Schaltfläche Build Shortcode.

Im Bereich des Post-Editors wird ein Shortcode angezeigt.

Das ist alles, Sie können Ihren Blog-Beitrag jetzt veröffentlichen und in der Vorschau anzeigen und Ihre Podcast-Episode mit einem wunderschönen Player live sehen.

Wie kann ich mit meinem Podcast Geld verdienen?

Das Lösen wichtiger Probleme für Ihre Zuhörer ist ein Muss.

Das ist es, was sie dazu bringt, wiederzukommen.

Damit Ihr Podcast profitabel wird, müssen Sie ...

- echte Beziehungen zu Branchenführern und Ihrem Publikum aufbauen.
- Autorität aufbauen, indem Sie sich mit sachkundigen Personen, Qualitätsprodukten und hilfreichen Ratschlägen in Verbindung setzen.
- Die Schmerzpunkte behandeln, die sich auf das Glück und das Wohlbefinden Ihres Publikums auswirken.

Ihr Podcast kann buchstäblich über alles sein, solange er bei genügend Menschen eine starke Resonanz findet.

Einige funktionieren gut, wenn Sie gerade erst anfangen, und andere funktionieren am besten, wenn Sie etablierter sind und ein größeres Publikum haben.

In beiden Fällen gibt es mindestens eine Möglichkeit, mit Podcasts Geld zu verdienen, ganz gleich, in welcher Phase Sie sich befinden.

Lassen Sie uns anfangen:

Affiliate-Marketing

Bei Affiliate-Marketing oder Performance-Marketing erhalten Sie eine Provision, wenn Sie Personen an andere Unternehmen verweisen. Sie verdienen normalerweise Geld, wenn jemand einen Kauf tätigt.

Affiliate-Marketing funktioniert am besten, wenn Sie für Produkte oder Dienstleistungen werben, die Sie verwenden oder mit denen Sie vertraut sind, sodass Sie sie authentisch werben können.

Sie können einen eigenen Werbespot erstellen, um für ein Partnerangebot zu werben, wenn Sie nicht über die Zielgruppengröße für herkömmliche Sponsoring-Angebote verfügen. Sie können natürlich auch ein Produkt oder eine Dienstleistung erwähnen, während Sie Ihren regulären Inhalt bereitstellen.

Es gibt Partnerprogramme für fast jedes beliebte Produkt oder jede beliebte Dienstleistung. Amazon ist eines der beliebtesten Programme. Sie können auch einem Netzwerk wie ShareASale beitreten, in dem Sie nach bestimmten Programmen suchen und diese beantragen können.

Es wird dringend empfohlen, ein Plugin wie Lasso zu verwenden. Auf diese Weise können Sie kurze Links erstellen, die zu Ihrem speziellen Tracking-Link weiterleiten (neben einer Reihe weiterer nützlicher Funktionen). Auf diese Weise können Sie ganz einfach eine kurze, einprägsame URL zu Ihrem Podcast hinzufügen.

Es ist auch hilfreich, ein WordPress-Blog zu erstellen, damit die Leute auf einfache Weise mehr darüber erfahren und alle verschiedenen Unternehmen finden können, die Sie erwähnen.

Sponsoren & Werbung

Werbung und Sponsoring sind wahrscheinlich die ersten Dinge, an die Sie denken, wenn Sie nach Möglichkeiten suchen, mit Podcasts Geld zu verdienen.

Es gibt verschiedene Podcast-Werbenetzwerke, die Sie mit Werbetreibenden verbinden können. Normalerweise benötigen Sie ein größeres Publikum von mindestens 5.000 oder 10.000 Zuhörern pro Monat, um mit ihnen arbeiten zu können.

Eines der größten Werbenetzwerke ist Midroll, ein weiteres beliebtes Netzwerk ist Authentic, und viele der Podcast-Hosting-Unternehmen haben auch eigene Netzwerke.

Eine andere Option, die gut funktioniert, wenn Sie ein kleineres oder größeres Nischenpublikum haben, besteht darin, sich direkt an Unternehmen zu wenden, die für Ihr Publikum gut geeignet wären.

Kurse

Viele beliebte Podcaster erstellen ihre eigenen Online-Kurse, um ähnliche Inhalte zu vermitteln, über die sie in ihrem Podcast sprechen.

Online-Kurse sind eine großartige Möglichkeit, etwas auf einfach zu befolgende Weise zu lehren, bei der jemand ein bestimmtes Ergebnis erzielen kann, sobald er es fertiggestellt hat.

Es ist hilfreich, eine E-Mail-Liste zu haben, damit Sie Ihr Publikum sowohl in Ihrem Podcast als auch per E-Mail über Ihren Kurs informieren können.

Coaching & Beratung

Coaching & Beratung ähnelt in gewisser Weise dem Anbieten einer Dienstleistung, aber in der Regel erledigen Sie die Arbeit nicht für die Menschen. Stattdessen helfen oder leiten Sie sie, wie sie sich verbessern können.

Zu den Branchen, in denen es viele Berater und Coaches gibt, gehören Fitness, Ernährung, Wirtschaft und Lehre. Wir sind uns jedoch sicher, dass es in jeder Branche Berater gibt.

Crowdfunding & Spenden

Sie können um Spenden bitten, die Sie und Ihren Podcast unterstützen. Mehr auf Unterhaltung ausgerichtete Podcasts wären eine gute Gelegenheit, auf diese Weise Geld zu verdienen.

Eine gemeinsame Plattform für die Annahme von Spenden ist Patreon. Sie machen es wirklich einfach, zusätzliche Inhalte oder Boni anzubieten, abhängig vom Geldbetrag, mit dem Sie unterstützt werden.

Sie bieten Ihnen sogar die Möglichkeit, einen separaten RSS-Feed zu haben, der nur gegen Bezahlung verfügbar ist und gut mit der nächsten Methode zum Geldverdienen von Podcasts harmoniert.

Premium-Inhalte

Premium-Inhalte können wirklich alles sein, was Sie wollen, aber einige der gängigen Möglichkeiten, wie Podcaster Premium-Inhalte anbieten, sind:

- Zusätzliche Interviews
- Inhalte hinter den Kulissen
- Werbefreier RSS-Feed
- RSS-Feed mit frühem Zugriff
- Fragen und Antworten mit den Gastgebern

Veranstaltungen

Das Ausrichten von Events ist nicht nur eine großartige Möglichkeit, Geld zu verdienen, sondern bringt auch Ihre besten Fans zusammen und bringt ihnen noch mehr Wert.

Physische Produkte

Physische Produkte sind Dinge wie T-Shirts, Tassen und anderes.

Sie können eine Website wie Teespring verwenden, um sicherzustellen, dass Sie genügend Verkäufe erzielen, bevor sie gedruckt werden. Auf diese Weise bleiben Sie nicht mit einer Menge von Produkten hängen.

Bücher

Die Nutzung eines beliebten Podcasts für den Buchverkauf ist eine weitere hervorragende Möglichkeit, Geld zu verdienen und Ihre Autorität zu erhöhen.
Sie können Ihre Podcast-Zielgruppe verwenden, um die ersten Verkäufe und Rezensionen zu erhalten, die dazu beitragen, dass sich Ihr Buch auch von anderen abhebt.

Methoden kombinieren

Wie Sie sehen, gibt es viele verschiedene Möglichkeiten, mit Podcasts Geld zu verdienen. Das Kombinieren einiger verschiedener Methoden ist ein beliebter Ansatz, und Sie können Ihre Monetarisierungsmethoden im Laufe der Zeit jederzeit ändern und anpassen.

Es gibt keinen „richtigen" Weg, um Ihren Podcast in ein Geschäft zu verwandeln, nur den richtigen Weg für Sie.

Bonus: Tipps für Equipment & Software

Equipment und Software sind zwei wichtige Dinge beim Podcasting. Deswegen haben wir hier zusätzliche Tipps für Sie, damit Sie wirklich die Qualität erreichen, die Sie brauchen.

Nehmen Sie sich viel Zeit, um alle Ihre Geräte zu testen und einige Testsitzungen aufzuzeichnen. Nehmen Sie Anpassungen vor, um die Mikrofon- und Aufnahmepegel zu optimieren. Wenn Sie mit Remote-Gästen aufzeichnen, führen Sie mehrere Testsitzungen mit der von Ihnen ausgewählten Software und Verbindungsmethode durch. Öffnen Sie nach jeder Testaufnahme die Audiodateien in Ihrer Bearbeitungssoftware und vergewissern Sie sich visuell, dass die Aufnahmepegel gut sind (nicht zu leise oder zu laut).

Podcasten Sie weil:
Es Ihr Hobby ist?
Sie Ihr Geschäft promoten wollen?
Sie Geld verdienen wollen?

Die Beantwortung dieser Fragen hilft Ihnen bei der Entscheidung, ob Sie einen Teil Ihres Geldes im Voraus in hochwertige Podcast-Geräte investieren oder mit Geräten beginnen möchten, die ein wenig einfacher sind, während Sie den Dreh raus haben.

An dieser Stelle ist es wichtig zu wissen, dass die Klangqualität Ihres Podcasts im Vergleich zur Qualität der Inhalte, die Sie Ihrem Hörer zur Verfügung stellen, nachlässt. Lassen Sie sich bei Audio-Aufnahmegeräten und Podcasting-Software nicht zu sehr aus dem Konzept bringen.

Der beste Rat, den wir Ihnen geben können, ist, mit dem Podcasting zu beginnen, indem Sie sich das besorgen, was Sie brauchen, und mit der Aufnahme zu beginnen.

Hobby

Sie sind hier, wenn Sie nicht sicher sind, wie weit Sie mit Ihrem Podcast kommen. Sie haben eine großartige Idee, Sie möchten sie weit in die Zukunft bringen, sind sich aber nur ein wenig unsicher. Sie haben nicht das Gefühl, dass Sie die beste Klangqualität benötigen, und Sie möchten die Kosten minimieren, um Ihre Optionen (und möglicherweise die Würde) zu erhalten.

Kosten für das Hobby-Paket (ca. 90 EUR)

Headset

Audio-Technica ATH-M20X Headset - Ungefähr 45 EUR von Amazon

Mikrofon

Audio-Technica ATR2100-USB Dynamisches USB / XLR-Mikrofon mit Nierencharakteristik Ungefähr 55 EUR von Amazon

Für den ehrgeizigen Podcaster

Sie gehören zu dieser Gruppe, wenn Sie Ihren Podcast als Instrument für die Vermarktung eines Unternehmens oder Produkts verwenden möchten, wenn Sie Branchenfragen beantworten oder wenn Sie ein bisschen Geld haben und mit hervorragender Klangqualität beginnen möchten . Für Sie muss Qualität wichtig sein, da Sie viel Arbeit in die Erstellung von Inhalten und die Produktion von Audiodateien investieren möchten - professionell klingen ist Ihr Hauptziel, aber Sie können es sich nicht leisten, zu viel Geld auszugeben.

Ehrgeiziger Podcaster-Paket-Kosten (ca. 210 EUR)

Headset und Mikrofon - Das gleiche wie oben

Studio Boom Arm

Ritt PSA1 Studio Boom Arm 90 EUR von Amazon

Schwingungsdämpfer
On Stage MY-420 Shock Mount 30 EUR von Amazon

Für den professionellen Podcaster
Der professionelle Podcaster sieht Geld nicht als etwas, über das es sich zu sorgen lohnt. Sie haben das Kapital und den Wunsch, es auszugeben. Podcasting wird weder Ihr Hobby noch Ihre Nebenbeschäftigung sein. Sie sehen es als Ihre Berufung an, Sie haben alles gelernt, was Sie können, und Sie sind bereit, viel zu investieren.

Professioneles Paket-Kosten (ca. 380 EUR)

Headset
Audio-Technica ATH-M30X Pro Studio-Headset von Amazon für ca. 60 EUR

Mikrofon, Auslegerarm und Dämpferhalterung
Rode Podcaster Booming Kit: Podcaster, PSA1 Arm und PSM1 Shock Mount Ungefähr 310 EUR von Amazon

Podcasting-Software

Audacity (EUR 0)
Kostenlose Podcasting-Software kann nicht billiger werden. Podcaster nutzen Audacity gerne, um einen

qualitativ hochwertigen Podcast zu erstellen, indem sie auf die Software aufnehmen und ihre Änderungen vor dem Export vornehmen. Kosten = EUR 0, und es funktioniert sowohl mit Mac- als auch mit Windows-Betriebssystemen.

Garageband (EUR 0- 13 - nur Mac)

GarageBand ist auf den meisten Apple-Computern vorinstalliert. Wenn es bei Ihnen nicht vorhanden ist, handelt es sich um einen kostengünstigen Download, mit dem Sie Ihren Podcast aufnehmen und bearbeiten können. Bonus: Wenn Sie nach einem Podcast-Musikintro suchen und musikalisches Talent haben, können Sie mit GarageBand digital Klavier oder Gitarre spielen, indem Sie einfach tippen. Sie können Ihre Musik in der App mischen und dies sogar von Ihrem iPhone aus tun.

Mixer

Mackie 402-VLZ3 Premium 4-Kanal Ultra-Compact-Mixer (ca. 89 EUR)

Wenn Sie ein Mikrofon mit XLR-Anschluss kaufen möchten, benötigen Sie einen Mixer, an den Sie das Mikrofon anschließen können. Das Mischpult wird dann an Ihren Computer oder Digitalrekorder angeschlossen. Dieser kleine Mixer ist perfekt für Sie. Es gibt Ihnen die Möglichkeit, 2 separate XLR-Mikrofone anzuschließen.

Ist leicht, benutzerfreundlich und langlebig. Damit haben Sie eine bessere Kontrolle über den aufgenommenen Ton, als wenn Sie nur ein Mikrofon an Ihren Computer angeschlossen hätten.

Digital Recorder

Roland R-05 Digital Recorder (ca. 170 EUR)

Obwohl Sie einen Podcast ohne Digitalrekorder aufnehmen, bearbeiten und veröffentlichen können, gibt es einige gute Gründe, in dies zu investieren.

Computer stürzen ab und Software wird unerwartet beendet, ein digitaler Rekorder ist jedoch immer zuverlässig. Nehmen Sie Ihren Podcast in diesem hervorragenden Equipment auf und Sie werden nie eine Episode verlieren.

Wenn Sie vorhaben, Live-Interviews in Ihren Podcast aufzunehmen, sorgt dieses Gerät dafür, dass Sie jedes Mal qualitativ hochwertige Interviews haben. Natürlich gibt es günstigere Optionen

Zusätzliche Podcasting Tipps

Passen Sie auf Ihren Mund auf!

Dieser Tipp ist sehr wichtig - achten Sie beim Aufnehmen auf die Position Ihres Mundes zum Mikrofon. Wenn Sie sich vom Mikrofon entfernen oder kurz wegsehen, wirkt sich dies direkt auf die Klangqualität Ihrer Episode aus. Der Schlüssel ist, während der gesamten Aufnahme konsistent zu bleiben.

Das Rot vermeiden

Dieser Tipp hat mit Ihren Schallpegeln zu tun. Ihre Ebenen werden in der Anwendung, die Sie zum Bearbeiten verwenden, als kleine Skala angezeigt. Normalerweise ist dies eine Reihe von Balken, die von grün über gelb bis rot reichen, je nachdem, wie laut Sie sind. Hier gilt eine Grundregel: Nicht rot werden! Sie möchten keine roten Zahlen aufzeichnen. Sobald Sie rot werden, können Sie nicht mehr zurückgehen. Sie sind viel besser dran, wenn Sie im Grünen und in den Gelben aufnehmen, da Sie die Ebenen in Ihrer Software später bei Bedarf problemlos wieder hochfahren können. Mit einem guten Mikrofon erzielen Sie einen hochwertigen Klang.

Die beste Vorgehensweise hier ist, zu versuchen, so nah wie möglich an Rot heranzukommen, ohne tatsächlich in diesen Bereich zu gelangen. Dadurch erhalten Sie eine hohe Lautstärke, ohne den Klang zu verzerren. Wenn Sie einen tragbaren Soundrekorder verwenden, ist die

Steuerung der Pegel möglicherweise etwas einfacher, da der Rekorder normalerweise über einen Knopf verfügt, den Sie im Handumdrehen anpassen können, um Ihre Pegel zu optimieren.

Wenn Sie jedoch in Software aufnehmen, ist es möglicherweise nicht so offensichtlich, wie Sie die Eingangspegel anpassen. Stellen Sie daher im Voraus sicher, wo Sie dies in der von Ihnen verwendeten Anwendung tun können. Bevor Sie mit der Aufnahme beginnen, führen Sie einige Tests durch, um Ihre Pegel zu kalibrieren. Sprechen Sie auf natürliche Weise, zeichnen Sie einige Durchgänge auf, um zu sehen, wo Ihre Pegel laufen, und passen Sie sie entsprechend an. Und denken Sie dran, werden Sie nicht rot!

Halten Sie es konsistent

Eine der häufigsten Fragen lautet: "Wie lange sollten meine Podcast-Folgen dauern?" Dies ist eine häufig gestellte Frage für jede Art von Veröffentlichungsplattform, ob es sich um ein Buch, einen Blog-Beitrag, ein Video oder eine Podcast-Folge handelt.

Die einfache Antwort auf all diese Fragen? So lang es sein muss. Wie viel Zeit brauchen Sie, um Ihre Nachricht zu übermitteln? Eigentlich gibt es keine magische Zahl. Es hängt alles davon ab, welche Art von Inhalten Sie produzieren möchten und auch von Ihrem Stil. Es gibt viele großartige Podcasts, die nur drei bis fünf Minuten lang sind. Und es gibt einige Podcasts, die länger sind - zwanzig Minuten, dreißig Minuten, manchmal sogar eine Stunde. Sie kennen Ihr Publikum und die Art von Inhalten, die Sie dort veröffentlichen. Welche Showlänge Sie auch immer für richtig halten und Ihr Publikum, ist die richtige Antwort.

Aber im Gegensatz zu Video „konsumieren“ die Leute Podcasts über einen längeren Zeitraum. Unabhängig von der Länge der Show, für die Sie sich entscheiden, ist der wichtigster Ratschlag, konsequent zu bleiben. Sie möchten nicht zwanzig Minuten eine Episode aufnehmen, fünf Minuten die nächste und dann eine Stunde die nächste. Ein netter Rhythmus ist hilfreich für Sie und Ihre Zuhörer, damit sie wissen, was sie zu erwarten haben und wie viel Zeit sie jedes Mal für das Anhören Ihrer Sendung verwenden müssen.

Bonus-Tipp: Erstellen Sie einen Inhaltskalender! Wenn Sie Ihren Inhaltskalender mit Themen, Gästen usw. aktualisieren, sind Sie dem Spiel immer einen Schritt voraus.

Das Intro ist wichtig

Wir empfehlen auf jeden Fall ein Intro. Es eignet sich hervorragend für Branding-Zwecke, es gibt jedoch verschiedene Möglichkeiten, sich dem anzunähern. Sie können alles tun, was Sie wollen. Sie haben hier viel Freiheit.

Wie bei jeder Art von Präsentation, sei es ein Blog-Beitrag, ein Podcast, ein Video oder sogar eine Live-Präsentation, können Sie zu Beginn Ihren Zuhörern oder Lesern am besten mitteilen, was sie erleben werden. Dies hilft ihnen zu verstehen, was sie zu erwarten haben, und gibt ihnen etwas, auf das sie sich freuen können.

Für eine Podcast-Episode können Sie sogar einen kleinen Vorgeschmack auf den Inhalt der Show hinzufügen, um die Leute davon zu überzeugen, den ganzen Weg über zuzuhören.

Das nächste, woran Sie denken müssen, wenn es um das Intro geht, ist Musik. Musik kann eine großartige Möglichkeit sein, die Stimmung zu verbessern und den Zuhörer sofort zu „ergreifen“, aber Sie müssen auch sehr vorsichtig sein. Das Letzte, was Sie tun möchten, ist, Probleme mit der Verwendung von Musik zu bekommen, die Sie nicht besitzen und für die Sie keine

Rechte haben. Hier geht es darum, nach Musik zu suchen, die honorarfrei ist.

Das bedeutet, dass Sie das Recht haben, sie für jeden Zweck zu verwenden. Es gibt verschiedene Variationen lizenzfreier Musik. Wenn Sie also etwas finden, das Ihnen gefällt, lesen Sie die Nutzungsbedingungen auf der Website, auf der Sie es gefunden haben. Sie können sich auch an das Support-Team dieser Website wenden, um sicherzustellen, dass Sie die Musik für Ihre Show verwenden dürfen. Es ist besser, hier auf Nummer sicher zu gehen! Zum Glück gibt es viele Websites, auf denen Sie großartige lizenzfreie Musik finden.

Verzaubern Sie sie mit Ihrem Outro

Neben Ihrem Intro ist Ihr Outro sehr wichtig. Denken Sie daran, Ihr Outro ist das Letzte, was die Leute hören und merken, wenn sie Ihnen zuhören. Wie machen Sie das? Sie rufen zum Handeln auf. So einfach ist das. Die Hörer, die sich über die gesamte Länge Ihrer Episode auf Sie eingestellt haben, sind darauf vorbereitet, dass Sie Ihnen sagen, was sie als nächstes tun sollen, ob sie Ihre Liste abonnieren, etwas kaufen oder auch nur eine Rezension hinterlassen sollen. Was auch immer dieser Aufruf zum Handeln ist, es ist so wichtig, es zu haben.

Jetzt können Sie den Aufruf zum Handeln für jede Episode gleich halten, wenn Sie möchten, aber wir empfehlen tatsächlich, ihn jedes Mal zu ändern, damit die Leute, die sich andere Episoden anhören, andere Möglichkeiten haben, wie sie mit Ihnen integrieren können. Vielleicht haben sie Ihre E-Mail-Liste bereits abonniert oder haben Ihrem Podcast bereits eine Rezension hinterlassen. Sie möchten also sicher sein, dass Sie ihnen etwas Neues geben.

Ihre Website muss gut sein

Es ist wichtig, Personen aus Ihrem Podcast zurück auf Ihre Website zu leiten. Warum? Weil die Leute nicht auf das klicken können, was sie gerade hören! Es ist wirklich klug, die Leute daran zu erinnern, zu Ihrer Website zurückzukehren, da hier die gesamte Aktion stattfindet.

Der beste Ort auf Ihrer Website, an den Sie Personen weiterleiten können, sind Ihre Shownotizen. Ihre Shownotizen bestehen aus einer Sammlung von Links, Zusammenfassungen, einem Episodentranskript und / oder anderen hilfreichen Ressourcen, die sich auf eine bestimmte Episode beziehen.

Shownotizen sind eine großartige Ressource für Ihr Publikum, da sie eine Alternative zum Speichern all der großartigen Dinge darstellen, die Sie in Ihrer Podcast-

Episode erwähnt haben. Stattdessen kann ein Zuhörer einfach zu Ihrem Blog kommen und alles an einem Ort finden.

Wie leiten Sie die Leute am besten zu Ihren Shownotizen? Fügen Sie ein oder zwei Erwähnungen in das Episodenton ein, um die Leute aufzufordern, zu Ihrer Website zu kommen, und um sie aufzufordern, die Shownotizen für Ihre Podcast-Episoden zu finden.

Das Outro ist ein großartiger Ort, um das zu tun, aber erwägen Sie auch, Erinnerungen an anderer Stelle in Ihrer Show hinzuzufügen.

Wenn Sie es noch einfacher machen möchten, können Sie eine Umleitung verwenden. Wenn Sie ein WordPress-Blog haben, ist dies eigentlich ganz einfach.

Schließlich versteht es sich von selbst, dass Sie einen guten ersten Eindruck hinterlassen müssen, wenn Sie andere Personen zu Ihrem Blog oder Ihren Shownotizen zurückleiten. Tun Sie etwas, um sie dazu zu bringen, wiederzukommen. Sie sammeln ihre E-Mail-Adressen und lassen sie abonnieren. Auch hier ist der Blog, in dem alle Klickaktionen stattfinden.

Sagen Sie Ja zur Segmentierung

Der nächste Tipp ist, Ihre Show in verschiedene Segmente aufzuteilen. Dies ist eine besonders gute Idee, wenn Sie eine längere Show produzieren möchten, beispielsweise im Bereich von 45 Minuten bis 1,5 Stunden. Es ist völlig in Ordnung, längere Folgen wie diese zu haben, aber wenn Sie dies tun, müssen Sie etwas vorsichtiger sein, wie Sie den Inhalt aufteilen, damit er organisierter und besser verdaulich ist. Stellen Sie sich das vor, als würden Sie ein Buch lesen. Wenn ein Buch überhaupt keine Kapitel hätte und nur ein riesiger Textblock wäre, wäre es eine Qual zum Lesen. Kapitel, Abschnitte und Absätze lassen den Leser wissen, was ihn erwartet, damit er sich nicht überfordert fühlt, und lassen ihm Raum zum Atmen - etwas Platz an den Stellen, an denen er sich etwas zurücksetzen kann.

Dies sollte auch für Ihre Podcast-Folgen der Fall sein. Wenn Sie also einen längeren Episodentyp produzieren möchten, sollten Sie darüber nachdenken, Ihre Episode in verschiedene Abschnitte zu unterteilen, damit Ihre Zuhörer zuhören und ihnen Raum zum Atmen geben können.

Vergessen Sie das unnötige Zeug

Dieser Tipp ist einfach: Minimieren Sie unnötige Dinge. Und was sind eigentlich unnötige Dinge? Es sind die zusätzlichen Dinge, über die die Leute sprechen, die eigentlich nichts mit dem Fokus Ihrer Episode zu tun haben, die für Ihr Publikum nicht hilfreich sein werden - das ist im Grunde genommen nur Zeitverschwendung. Daher ist es wichtig, dass Sie aus der Sicht Ihrer Zuhörer darüber nachdenken. Fragen Sie sich, was sie hören wollen?

Persönliche Dinge sind auch ziemlich wichtig, denn damit können sich die Leute verbinden. Sie können auch über Familie sowie über Hobbys und Dinge, sprechen, die man gerne macht. Das hilft Ihnen, sich auf einer tieferen Ebene mit dem Publikum zu verbinden, über den Inhalt hinaus, den man produziert.

Das persönliche Zeug und die Geschichten sind es, an die sich die Leute erinnern und die sie mit Ihnen in Verbindung bringen. Aber Sie wollen nicht zu viel davon. Verwenden Sie einfach Ihren gesunden Menschenverstand.

Überbearbeitung vermeiden

Bearbeiten Sie die Episoden nicht zu viel! Sie werden Fehler machen, wenn Sie aufnehmen. Aber es ist wirklich einfach, sie alle zu bemerken, weil Sie derjenige sind, der sie aufzeichnet. Wenn Sie Ihre Shows produzieren, kann es sehr einfach sein, zu viel zu bearbeiten, all diese Fehler zu hören und alles

miteinander zu verbinden - alles zu schneiden, zu würfeln und zu verbinden. Tun Sie das nicht. Es ist Zeitverschwendung und je mehr Sie sich auf die Bearbeitung verlassen, desto weniger werden Sie sich als Person hinter dem Mikrofon verbessern.
Natürlich müssen Sie einige Änderungen vornehmen. Sie müssen Ihre Interviews bearbeiten. Sie müssen Ihre Intros, Jingles und ähnliches bearbeiten. Und ja, es wird immer ein paar eindeutige Fehler in der Mitte Ihrer Aufnahme geben, die Sie korrigieren müssen. Reparieren Sie die. Versuchen Sie jedoch nicht, es „perfekt" zu machen.

Vertrauen Sie mir hier. Machen Sie sich mit der Bearbeitung nicht zu verrückt. Sie werden mit der Zeit besser. Es wird im Laufe der Zeit passieren. Es wird nicht über Nacht passieren, aber Sie werden besser.

Kein Feedback? Lassen Sie sich nicht entmutigen

Sobald Sie Ihren Podcast gestartet haben, wird es zur Gewohnheit, Ihre Download-Statistiken ständig zu überprüfen.

Wenn Sie sehen, dass Ihre Zahlen allmählich zunehmen, können Sie es kaum erwarten, dass einer dieser Zuhörer mit Ihnen in Kontakt tritt.

Und dennoch bleibt Ihr Posteingang leer, obwohl Sie am Ende jeder Episode gesagt haben, dass die Zuhörer Ihnen schreiben können.

Hier sind zwei Dinge zu beachten: Das erste ist, dass dies völlig normal ist und die meisten neuen Podcaster Monate und Monate brauchen, bis sie etwas von jemandem hören, der zuhört.

Sie müssen sich daran erinnern, dass Sie bei Null anfangen und ein Publikum aufzubauen ein langsamer Prozess ist. Sie müssen bereit sein, das lange Spiel zu spielen.

Ein paar Zuhörer werden sich melden wollen, aber die Leute sind normalerweise unterwegs, während sie zuhören, und nicht in der Lage, Ihnen zu schreiben.

Wenn Sie es am Ende der Show immer wieder erwähnen, werden Sie allmählich Feedback, Kommentare und Fragen von Ihrem Publikum erhalten.

Und wenn Sie diese ersten E-Mails erhalten, nehmen Sie sich wirklich die Zeit, um diese Zuhörer kennenzulernen. In ein paar Jahren werden Sie möglicherweise viel mehr E-Mails erhalten und Sie werden nicht mehr die Zeit haben, sich eingehender mit Leuten zu unterhalten, die Kontakt aufnehmen. Genießen Sie es also, solange Sie können.

Haben Sie keine Angst, Dinge zu ändern

Wenn Sie Moderator im Fernsehen oder Radio sind, haben Sie nur sehr wenig Gestaltungsfreiheit. Strenge Fristen und mehrere Verwaltungsebenen sind nur zwei der Dinge, die alles bestimmen, was Sie jemals dort tun.

Mit Ihrem eigenen Podcast sind Sie der Boss. Es liegt ganz bei Ihnen, wie Sie die Dinge tun, und Sie müssen es nicht in fünf Minuten erledigen, wenn Sie Nachrichten und Wetterberichte lesen möchten.

Konsistenz ist auf lange Sicht wichtig, und Ihre Zuhörer werden bestimmte Dinge von der Show erwarten, in Bezug auf das Format und die Länge.

Aber in der Anfangszeit sollten Sie sich nicht verpflichtet fühlen, an irgendetwas festzuhalten, wenn Sie das Gefühl haben, dass es nicht funktioniert oder wenn Sie sich eine bessere Möglichkeit überlegen, etwas zu tun.

Sie können Ihre Intro-Musik ändern oder sie vollständig entfernen. Sie können von einem 20-minütigen

Monolog zu einem einstündigen Interviewformat wechseln. Haben Sie keine Angst sich zu ändern und Dinge auszuprobieren.

Allmählich werden Sie beginnen, Ihren Schritt zu finden und sich auf ein Format und eine ungefähre Länge zu einigen, mit der Sie sich rundum wohl fühlen.

Es ist Ihnen auch nicht untersagt, später Änderungen vorzunehmen. Einige Podcaster haben ihre Shows nach 100 oder sogar 500 Folgen komplett überarbeitet.

Fragen Sie einfach Ihre Zielgruppe, wenn Sie Änderungen vornehmen. Dem Publikum eine Plattform zu geben, auf der es mitreden kann, wird geschätzt.

Es ist immer wieder eine gute Idee, Ihr Publikum zu befragen und um Feedback, Kommentare und Vorschläge zu bitten. Sie müssen nicht unbedingt auf alles eingehen, was in diesen Umfragen auftaucht, aber es ist gut, ein Maß dafür zu erhalten, was Ihre Zuhörer denken. Wenn Sie beide mit dem Podcast zufrieden sind, wird es nur noch besser werden.

Power-Tipps zusammengefasst

Hier haben wir die wichtigsten Tipps zusammengefasst:

Bereiten Sie sich vor, bevor Sie beginnen

Bevor Sie mit dem Podcasting beginnen, müssen Sie jedoch eines tun: **sich dazu verpflichten**. Sie müssen sich intern zum Podcasting verpflichten, da Sie alles tun müssen, was potenziell nützlich ist, aber einige Zeit und Mühe in Anspruch nimmt.

1. Planen Sie Ihren Podcast

Das erste, was Sie tun müssen, wenn Sie entscheiden, dass Sie Ihren ersten Podcast starten möchten, ist, Ihren Podcast zu planen.

- Thema
- Mission & Vision
- Titel
- Zielgruppe
- Format

2. Erstellen Sie Ihre Podcast-Einrichtung

- Ausrüstung (einschließlich Aufzeichnungssoftware)

- Podcast-Moderator

3. Bereiten Sie Ihre Podcast-Folgen vor

Zur Vorbereitung Ihrer Podcast-Episoden müssen Sie jede Episode planen und alles zusammenstellen, was Sie möglicherweise für sie benötigen, einschließlich:

- Episodentitel
- Episodenthemen
- Skripte
- Segmente
- Umrisse

4. Nehmen Sie Ihre Podcast-Folgen auf

Betrachten Sie Dinge wie:

- Tonfall
- Wortschatz
- Geschichten
- Ehrlichkeit
- Persönlichkeit
- Zusammenhalt

5. Produzieren Sie Ihre Podcast-Folgen

Einige Dinge, die eine großartige Ergänzung zu Ihrem Podcast sein können, sind:

- Intros / Outros
- Bearbeitung
- Musik

6. Veröffentlichen Sie Ihre Podcast-Folgen

Einige wichtige Verzeichnisse, auf die Sie Ihren Podcast stellen sollten, sind:

- Apple Podcasts (auch bekannt als iTunes)
- Google Play Music
- Spotify
- TuneIn
- Stitcher

7. Werben Sie Ihren Podcast

Das Werben Ihres Podcasts umfasst alles, was Sie online, persönlich und über eine andere Quelle tun, um Ihren Podcast für mehr Menschen zugänglich zu machen. Einige Quellen umfassen:

Social Media (Twitter, Facebook, Instagram): Nutzen Sie Ihre Social Media-Konten, um mit Zuhörern zu interagieren und neue Zuhörer zu erreichen.

Networking: Nehmen Sie an so vielen Veranstaltungen wie möglich teil.

Podcast-Website: Das Erstellen einer Website ist eine hervorragende Möglichkeit, Ihr Publikum an einen zentralen Ort zu leiten, an dem alle Informationen über Sie und Ihren Podcast verfügbar sind.

Das nötige „Werkzeug“

Die wesentlichen Podcast-Geräte, die Sie benötigen, sind:

- Ein Computer
- Ein Mikrofon
- Der Recorder
- Vorverstärker & Mixer
- Kopfhörer
- Mikrofonständer

Was ist die beste Podcasting-Software?

Hier sind unsere Empfehlungen:

Audacity - Kostenlos - Mac, Windows & Linux

GarageBand - Kostenlos - Mac & iOS

Hindenburg - Mac und Windows

Adobe Audition

Hilfreiche Tools

WinLAME - Audio Encoder

Paint.NET - Bildeditor

Mp3Tag - ID3-Tag-Editor

FileZilla - FTP-Client

Hosting-Plattformen

1. Libsyn

2. SoundCloud

3. Podomatic

4. Blubrry

Ihre erste Episode

Eine Nische und Themen für Ihren Podcast finden

Planen Sie Ihre ersten Podcast-Folgen

1. Inhalt der Episode

2. Länge der Folgen

3. Unterstützende Medien

4. Storyboarding und Scripting

Tipps für die Aufnahme

Verwenden Sie immer einen Pop-Filter

Stellen Sie sicher, dass Sie aufnehmen

Tragen Sie Ihre Kopfhörer

Bereiten Sie Ihre Stimme vor

Bearbeitungstipps

Wenn Sie Zweifel haben, schneiden Sie es aus

Die erste Aufnahme ist oft Müll

Atemgeräusche ausschneiden

Podcast Marketing

Verwenden Sie Stichwörter

Sparen Sie nicht bei der Beschreibung

Senden Sie an jedes Podcast-Verzeichnis

Pressemitteilungen

Seien Sie aktiv bei Apple Podcasts

Auf Social Media interagieren

Mailinglisten

Betrachten Sie andere nicht als Konkurrenten

Verwenden Sie relevante Hashtags

Audio Swaps und Guest Spots

Verwandeln Sie Content in ein YouTube-Video

Führen Sie ein Gewinnspiel durch
Finden Sie Partner, die für Sie werben

Tippen Sie auf die Zielgruppen anderer Personen

Gaststar in Podcasts anderer Leute

Fazit

Podcasting ist ein wachsendes Feld mit Millionen von Zuhörern.

Ein neuer, aufstrebender Podcaster zu werden ist wirklich aufregend und wir hoffen, dass Sie es auch so sehen.

Ähnlich wie ein Blog, kann ein Podcast schnell durch Werbung aufsteigen, indem man sich intensiv mit seinem Publikum verbindet.

Früher war diese Straße für alle außer den technisch versiertesten Personen völlig gesperrt. Heute ist es anders. So ziemlich jeder mit einem Computer kann eine digitale Radiosendung starten.

Auch der Weg zum Erfolg in dieser Nische ist ganz anders als noch vor einigen Jahren.

In dem schnelllebigen Umfeld, in dem wir heute leben, kann ein gut geschriebener Blogbeitrag oder Artikel die Aufmerksamkeit seines Lesers nur für ein paar Minuten auf sich ziehen. Ein gut gelieferter Podcast kann sein Publikum jedoch bis zu einer Stunde lang - vielleicht sogar länger - ununterbrochen beschäftigen.

So sollten Sie diese Gelegenheit für sich oder Ihr Geschäft auf jeden Fall nutzen.

Sie haben jetzt das nötige Werkzeug in diesem Buch. Wir wünschen Ihnen viel Glück und Erfolg!

Hat ihnen das Buch gefallen?

Gerne können Sie mir eine kurze Bewertung auf Amazon hinterlassen darüber freue ich mich sehr.

Gibt es etwas zu verbessern oder zu verändern?
Feedback ist willkommen
gerne an dlamancu@gmx.de

Weitere Bücher Finden sie hier

https://amzn.to/2HeasAg

https://amzn.to/2ZHusmb

https://amzn.to/2WuRn6J

https://amzn.to/2TgoTFY

Vielen lieben Dank für Ihre Unterstützung.

Haftungsausschluss

Die Umsetzung aller enthaltenen Informationen, Anleitungen und Strategien dieses E-Books erfolgten auf eigenes Risiko. Für etwaige Schäden jeglicher Art kann der Autor aus keinem Rechtsgrund eine Haftung übernehmen. Für Schäden materieller oder ideeller Art, die durch die Nutzung oder Nichtnutzung der Informationen bzw. durch die Nutzung fehlerhafter und/oder unvollständiger Informationen verursacht wurden, sind Haftungsansprüche gegen den Autor grundsätzlich ausgeschlossen. Ausgeschlossen sind daher auch jegliche Rechts- und Schadensersatzansprüche. Dieses Werk wurde mit größter Sorgfalt nach bestem Wissen und Gewissen erarbeitet und niedergeschrieben. Für die Aktualität, Vollständigkeit und Qualität der Informationen übernimmt der Autor jedoch keinerlei Gewähr. Auch können Druckfehler und Falschinformationen nicht vollständig ausgeschlossen werden. Für fehlerhafte Angaben vom Autor kann keine juristische Verantwortung sowie Haftung in irgendeiner Form übernommen werden.

Urheberrecht

Impressum

1. Auflage

Kontakt:
La Mancusa Daniele
Vorstadtstr. 52
73614 Schorndorf

Printed in Poland
by Amazon Fulfillment
Poland Sp. z o.o., Wrocław

61842701R00072